조현용 지음

한글의 감정

한글파크

한글로 세상을 보다

한글의 원래 이름은 훈민정음이었습니다. 백성을 가르치는 바른 소리라는 뜻입니다. 이름에서부터 소리글자임을 분명하게 밝히고 있습니다. 또한 백성을 위한 글자임도 명확히 이야기합니다. 그래서 저는 훈민정음이라는 이름만 봐도 기분이 좋아집니다. 한편 한글은 큰 글, 위대한 글이라는 의미입니다. 나라의 힘이 약해져서 국문이라고 말하기 어려워지자 '한글'이라는 이름을 사용하게 되었습니다. 한글이라는 이름은 한민족의 느낌도 담아서 더 가까운 느낌입니다. 순우리말이라는 점도 기쁩니다.

한글은 분명 소리글자이지만 때로 한글의 모양을 보면서 소리의 느낌을 떠올리기도 합니다. 물론 한글 자모가 발음 기관을 본 뜬 것이기에 발음 나는 모양의 느낌이 더 나는 것도 사실입니다. 솟아오르는 느낌, 막힌 느낌, 퍼지는 느낌 등이 한글을 잘 들여다보면 보입니다. 저는 한글에서 소리의 느낌을 찾으면서 무척 즐거웠습니다. 주관적인 느낌이 있지만, 당시 세종께서도 이런 주관적 느낌에 즐거워하셨을 수도 있습니다.

우리말의 소리는 낱말의 느낌과도 연결이 됩니다. 예삿소리, 거센소리, 된소리의 느낌은 물론이고, 기역부터 히읗까지 저마다의 느낌이 있습니다. 그 느낌은 그대로 낱말에 비추어 집니다. 부드러운 느낌, 답답한 느낌, 맑은 느낌, 시원한 느낌을 소리에서 느껴 봅니다. 모음에서는 이런 느낌이 명확해 집니다. 밝은 느낌과 어두운 느낌, 무거운 느낌과 가벼운 느낌이 글자 모양에 반영되어 나누어집니다.

이 책은 한글에 대한 전문적인 지식을 전하는 것을 목표로 하지 않습니다. 한글에 담긴 생각과 우리말의 느낌을 즐겁게 바라보기를 바라며 책을 냅니다. 제가 이 책에서 제시하고 있는 한글과 소리, 어휘의 연결은 때로 지나친 연결처럼 느껴질 수도 있습니다. 저는 이것을 상상력이라고 말하고 싶습니다. 세종께서 훈민정음을 만들 때 우리말의 소리, 단어를 통해 글자 모양을 상상하셨을 수도 있습니다. 제가 제시하는 단어 외에도 더 많은 단어를 상상해 보시기 바랍니다.

이 책에서는 한글과 세상에 관한 이야기도 담고 있습니다. 세종에 대한 이야기와 한글이 요즘 세상에 어떻게 살아가고 있는지도 보여드리고자 했습니다. 물론 지면의 한계와 책의 목적 때문에 더 자세한 생각은 모두 담지 못하였습니다. 뒷부분에는 언어와 치유에 관한 이야기를 담았습니다. 제가 주로 관심이 있는 분야이기도 하고, 언어가 보여주는 위로의 세상 이야기도 담고 싶었습니다. 이 책을 통해서 한글과 세상, 치유를 바라보기 바랍니다. 한글로 세상을 보는 시작이 되었으면 합니다. 제가 글을 쓰면서 행복했듯이 읽는 분도 행복하시기 바랍니다.

2020년 9월

조 현 용

차례

 1부 한글의 느낌과 상상력

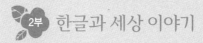

2부 한글과 세상 이야기

3부 한글, 우리말의 치유

1부

한글의
느낌과 상상력

한글을 공부해 보면 수수께끼가 한가득입니다. 저도 몇 십 년째 공부하고 있습니다만, 아직도 모르는 게 많습니다. 한글의 창제원리에도 여전히 수수께끼가 많습니다. 글자 모양이 왜 저렇게 생겼는지에 대해서도 수수께끼가 많습니다. 국어학자들의 연구에서 밝혀진 부분도 많지만 의견이 일치하지 않거나 미해결 과제로 남겨둔 것도 많습니다. 아마 앞으로도 밝혀지지 않을 수 있습니다.

저는 그런 부분에서 더 많은 상상력을 발휘해 보았습니다. 언어학에 기초를 둔 저의 상상은 저를 행복하게 하였습니다. 1부에서 저는 한글과 관련된 이야기, 한글의 이름, 글자와 소리, 소리와 어휘에 대한 내용을 공부하면서 즐겁게 정리해 보았습니다.

기역 이야기

　"기억나니?"라고 쓴 글에서 '기억'을 'ㄱ'으로 표현한 것을 본 적이 있습니다. 재치 있는 표현이라고 할 수 있습니다. 기역과 기억이 발음이 비슷한 점에 착안한 것이겠죠. 사실 원래 한글 자모의 기역은 '기윽'이라고 쓰고 싶었던 이름입니다. 그런데 '윽'이라는 한자가 없었기 때문에 비슷한 발음의 '역'을 가져다 쓴 것이지요. 북한에서는 지금 '기윽'이라고 읽습니다. 북한에서는 원래 쓰고 싶었던 이름대로 살려서 쓰고 있는 거고, 남한에서는 익숙한 이름을 쓰고 있는 겁니다. 지금 우리가 읽고 있는 한글 자모의 이름도 모두 한자와 관련이 있습니다. 그럴 수밖에 없었을 겁니다. 표시할 수단이 한자밖에 없었던 시절에는 말입니다. 그런 의미에서 지금 한글이 있다는 게 더욱 소중하게 느껴집니다.

기역이 우리에게 다가오는 것은 "낫 놓고 기역 자도 모른
다."라는 속담이죠. 이제는 이런 속담을 잘 쓰지도 않지만
이해도 쉽지 않습니다. 일단 문맹이 거의 없기 때문에 기역
을 모르는 사람은 거의 없을 겁니다. 물론 문맹이 많던 예
전에도 기역 자 정도는 대부분 알았겠죠. 그러기에 이 속담
이 정말로 무식한 사람을 비꼬는 말로 쓰였을 겁니다. 시간
이 지나서 이제는 낫을 모르는 아이들이 많아져서 기역을
모르는 게 아니라 낫을 모르는 현상이 벌어졌습니다. 이제
는 기역을 설명하는 데 시간이 걸리는 게 아니라 낫을 설명
하는 데 시간이 더 듭니다. 기역 놓고 낫을 모르는 아이들
이 많아지고 있는 겁니다. 기역을 봐도 낫과 닮았다는 것을
모르는 겁니다. 속담이 뒤바뀌는 세상이 될지도 모르겠습
니다. 사실 속담은 우리말의 보물창고여서 옛 자료가 고스
란히 들어있는 경우가 많습니다.

　기역에 관한 개화기 가사(歌辭)도 있습니다. 작자가 미상
이어서 제목도 첫 구절에서 따 온 듯합니다. '기역字를 쓰고

보니(작자 미상/대한매일신보 1909)'라는 시인데 망국의 설움과 독립의 의지가 강하게 나타나 있는 내용입니다. 잠깐 앞부분의 내용을 보면 다음과 같습니다.

기역字를 쓰고 보니 기억하세 기억하세 국가 수치 기억하세 우리 대한 독립하면 영원만세 무궁토록 강구연월(康衢煙月) 태평가로 자유복락(福樂) 누리련만 오늘 수치(羞恥) 생각하면 죽더래도 못 잊겠네.

글의 내용이 어떤가요? 뒤에는 해방된 조국에 대한 희망도 나와 있습니다.

마字 하나 쓰고 보니 마굴(魔窟) 중에 빠진 백성 어찌하면 건져 낼꼬 진심갈력(盡心竭力) 일심(一心)으로 우리 동포 침해자를 어서 바삐 몰아내고 열강국과 동등 되어 육대주에 우리나라 빛내 보세.

이런 날이 진짜로 올 거라고 생각했을까요?
제게는 '기역'하면 생각나는 시가 하나 더 있습니다. 강렬한 시인데, 민중시인 김남주 시인이 쓴 시입니다. 혁명을 꿈꾸는 시인이어서 그런지 제가 볼 때는 선동적입니다.

"낫 놓고 ㄱ(기역)자도 모른다고/ 주인이 종을 팔보자/ 종이 주인의 모가지를 베어버리더라/ 바로 그 낫으로…"(김남주 '종과 주인')

정말 강렬하지요. 민주주의에 대한 열망이 강했던 당시 시대의 상황이 반영된 시가 아닐까 생각합니다. 아무래도 지금 시대에는 이런 시가 사람들의 마음에 덜 다가올 겁니다. 김남주 시인의 '함께 가자 우리 이 길을'처럼 노래로도 만들어진 시를 함께 읽어보면 당시의 분위기를 더 느낄 수 있을 겁니다.

기역은 좀 막혀있는 느낌도 있습니다. 아무래도 받침에 쓰일 때는 소리가 지속되지 않는 폐쇄음이기 때문일 겁니다. 막다, 꺾다, 죽다 등의 느낌이 그렇지요. 부러지거나 끝나는 느낌이 납니다. 그런데 이러한 기역을 한글 자모의 첫소리로 만든 것이 재미있습니다. 기역이 한글자모의 순서 '아설순치후'에서 아음(牙音), 즉 어금닛소리이기 때문이기는 하지만, 어쩐지 이런 생각도 듭니다. '마지막은 또 다른 시작이다, 모든 것은 끝에서 시작하는 거다.' 꼭 기억하고 싶습니다.

니은 이야기

니은으로 시작하는 우리말 단어 중에는 사람과 관련된 말이 많이 보입니다. '나'와 '너'와 '누'가 그렇습니다. '누'는 누구, 누가라고 할 때 모습을 드러냅니다. 모르는 제 3자를 가리킬 때 쓰는 말입니다. 1인칭, 2인칭, 3인칭이 모두 니은과 관계가 있습니다. 나, 너, 누가 모음만 다른 음이라는 점에서 '사람이란 게 원래는 같은 거였겠구나. 우리는 조금씩 다른 사람들이구나.' 하는 생각을 하게 됩니다. 나, 너, 누는 닮아있고, 조화를 이루는 우리를 보여줍니다.

니은이 좀 더 모습을 바꾸면 남, 님, 놈이 됩니다. 모두 다른 사람을 가리키는 말이지만 느낌은 좀 다릅니다. 역시 모음의 차이가 보여주는 세상이지요. 자음은 아예 단어를 다르게 만들지만 모음은 느낌만 살짝 바꾸는 경우가 많습니다. 님은 좋고 놈은 별로고, 남에는 감정이 중립적입니다. 가족을 나타내는 말에는 누이, 누나가 있습니다. 순우리말 중에서 사람을 나타내는 말은 모음으로 시작하는 단어(엄마, 아빠 등)를 제외하고는 이렇게 니은으로 시작하는 단어가 많습니다. 아무튼 이렇게 니은이 사람을 가리키는 말이 많다는 점에서 볼 때 우리 감정에 가까운 음이 아닐까 생각해 보았습니다.

첫소리에서 니은으로 시작하는 말에는 우리가 좋아하거나 중요하게 생각하는 단어가 가득입니다. 우선 노래나 놀이라는 단어가 떠오르네요. 물론 개수를 세어본 것은 아니어서 제 느낌이 그렇다는 말로 바꿔야 할 것 같습니다. 온도로 보면 따뜻한 느낌이 듭니다. 그래서인지 니은 하면 노란빛이 생각납니다. 노란색이 니은으로 시작하는 것은 우연이 아닐 수도 있겠다는 생각이 듭니다. 노란색의 느낌은 뜨거운 것보다는 따뜻한 느낌이 더 있습니다. 빨간색은 뜨겁고, 까만색은 다 타버린 느낌이지요. 노릇노릇한 느낌을 떠올려 보세요. 노란 병아리의 느낌은 어떤가요?

해를 나타내는 우리말 중에는 니은으로 시작하는 말이

여럿 있습니다. 대표적인 단어가 '날'입니다. 날은 하루를 의미하기도 하지만 원래는 태양이라는 의미입니다. 날이 밝고, 날이 새는 것이죠. 낮이라는 단어도 태양의 느낌을 담고 있습니다. 지금은 안 쓰지만 '나조(저녁)'라는 단어도 태양과 관련이 있습니다. 계절을 나타내는 여름이라는 단어도 원래는 '녀름'입니다. 현재 우리말에서 니은은 이중모음과 같이 안 씁니다. 발음이 어렵다고 느끼는 것 같습니다. 물론 북한에서는 이중모음 앞에 니은 발음을 쓰니까 모두에게 어려운 것은 아닌 듯합니다.

니은으로 시작하는 단어를 조금 더 살펴볼까요? 나리꽃이나 나비의 느낌이 어쩐지 노란색과 닮아있습니다. 노란 나리꽃이 개나리가 되고, 노란 나비가 밝게 이 꽃 저 꽃을 찾습니다. 나라라는 단어도 니은으로 시작하네요. 노란색은 어원적으로 보면 땅이나 흙과 관련이 있다고 봅니다. 땅을 의미하는 단어 중에 '누리, 나라'가 니은으로 시작하고 있습니다. 흙색이 노란색이라는 생각은 한자어를 봐도 알수 있습니다. 황토(黃土)는 흙을 의미하지만 색은 노란색으로 표현되고 있습니다.

한편 니은은 받침에 쓰일 때는 또 다른 느낌입니다. 니은은 울림소리여서 왠지 여유가 있습니다. 편안한 느낌도 주는 것 같습니다. 우리나라 사람의 이름을 살펴보면 받침에 니은이 들어가는 경우가 압도적으로 많습니다. 이유를 논리적으로 설명하기는 어렵지만, 현상을 보면 부인하기 어려운 사실입니다. 주변 사람의 이름을 살펴보세요. 받침에 니은이 얼마나 많은지 금방 알 수 있을 겁니다. 저희 식구도 모두 이름에 니은 받침이 있습니다. 아내와 두 아들 그리고 제 이름에도 니은이 들어가 있는 겁니다. 참 재미있습니다.

니은은 이렇게 우리말에서 따뜻하면서도 오래 계속되는 느낌을 보여주는 소리인 듯합니다. 그러면서도 사람을 나타내는 말에 니은이 많이 쓰였다는 것은 혹시 사람도 이렇게 따뜻하게 오래 지속되어야 함을 은연중에 보이고 있는 것은 아닐까 궁금해졌습니다.

디귿 이야기

디귿은 다른 한글의 자모와는 달리 이름이 좀 특이합니다. 모두 두 번째 음절이 모음으로 시작하는데 유일하게 디귿만 기역으로 시작하는 '귿'이 되었습니다. 이유는 간단합니다. '은'에 해당하는 한자가 없어서 받침에 디귿이 들어가는 한자를 찾아본 겁니다. 그런데 한자에도 디귿이 받침인 말은 없었습니다. 어쩔 수 없이 받침에 우리말 중에서 디귿이 들어가는 것을 다시 찾게 되었는데, 모음으로 시작하면서 받침이 디귿인 말은 찾지 못한 것 같습니다. 궁여지책으로 찾은 것이 '귿'입니다. 지금은 소리가 달라졌지만 '끝[末]'의 옛말입니다. 디귿에 끝의 의미를 담은 말(末)을 쓴 것은 디귿의 느낌에 마지막의 느낌이 있어서는 아닐까요? 끝을 발음해 보면 더 잘 느낄 수 있을 겁니다. 현재 북한에서는 원래의 생각을 살려 '디읃'이라고 합니다. 남북한에 부르는 방식에 차이가 있습니다.

　디귿 음은 청각적인 이미지가 강합니다. 즉, '소리'의 느낌이 납니다. 좀 '딱딱한' 느낌이라고나 할까요? '두드리는' 소리의 느낌이 나고, '뛰고' '달리는' 느낌도 납니다. 지금 쓴 단어에도 디귿이 한가득이네요. 아무래도 디귿은 울림소리가 아니고 닫힌 음이기 때문에 그렇지 않을까 싶습니다. 일단 마무리가 되는 느낌인 겁니다. 하나가 끝나고 다음이 시작할 때는 소리가 나게 마련입니다. 부딪치는 소리, '떨어지는' 소리가 납니다. 한 장소에서 다른 장소로 옮길 때도 소리가 나죠. 특히 빠르게 움직이면 소리가 더 크게 납니다. 세상의 소리 중 디귿과 쌍디귿으로 나는 소리에 귀를 기울여 봅니다. 어떤 느낌이 날까요?

　디귿이 소리라고 한다면 의성어(擬聲語) 중에 디귿에 해당하는 예가 많지 않을까 하는 생각이 들었습니다. 특히 길게 이어지는 음보다는 끊어지는 음에 많을 것 같습니다. 북소리나 장구소리 등 타악기를 표현하는 소리에 디귿이 많이 보입니다. 예를 들어 북소리는 '둥둥' 울립니다. 장구소리를 구음으로 표현하면 '덩 덩 따 쿵 따'라든가 '따 구 궁 따 쿵 따 쿵'처럼 표현이 됩니다. 쌍디귿 소리는 좀 더 강조 되는 느낌이 있습니다. 더 짧게 끊어지는 소리입니다. 덩에 비해서 '따'는 더 짧게 끊어지는 소리입니다. 장구채로 치는 소리로 긴 소리가 아닙니다.

'딱'이나 '똑'의 느낌도 비슷합니다. 시계소리를 '똑딱똑 딱'이라고 표현한 것도 소리의 울림이 없기 때문일 겁니다. 물론 '똑딱'에는 받침의 기역도 한몫을 하고 있습니다. 빗소 리의 '후두둑'이나 빨리 움직이는 '후다닥'에서도 디귿의 느 낌을 알 수 있습니다. 각각 끊어지면서 서두르는 느낌이 있 습니다. 빠른 움직임이 느껴지는 거죠. 그래서일까요? 우 리 신체 부위 중에서 '다리'가 디귿으로 시작합니다. '달리 다, 뛰다'도 모두 디귿으로 시작하는 어휘입니다. 후다닥 뛰고 달리는 다리의 모습이 상상됩니다.

촉감으로 보자면 디귿은 아무래도 굳어있는 느낌이 납니 다. 여러 개가 겹쳐져 있는 느낌도 있습니다. 다닥다닥, 덕 지덕지 붙어있는 느낌입니다. 굳어있다 보니 딱딱한 느낌 도 납니다. 한편 디귿으로 시작하는 의성어와 촉감에 해당하는 표현이 연결되고 있는 듯합니다. 딱딱한 것에 부딪치면 딱 소리가 나니 말입니다. 막힌 것을 뚫는 것도 디귿의 느낌입니다. 그리고 우연의 일치로 보이나 돌이나 땅이 디귿과 연관이 됩니다. 돌은 들이나 달과도 관련이 됩니다. 모두 땅의 이미지가 있습니다. '닫다'와 '굳다'의 받침이 디귿인 것도 느낌을 보여줍니다.

저는 디귿을 보면 북소리가 들리고 장구소리가 들립니다. 둥둥둥, 따궁따 소리는 우리의 심장을 더 뛰게 한다고 합니다. 심장마비가 왔을 때 북소리를 들려주면 응급 상황을 벗어날 확률이 높아진다고 하는데 북소리가 심장박동을 닮았기 때문이겠죠. 전쟁터에서 북소리를 울리는 것은 단순히 큰 소리로 응원하는 것만은 아닐 겁니다. 심장을 뛰게하여 힘을 북돋는 것이죠. 디귿 소리 속에서 우리 모두 더 큰 힘을 얻기 바랍니다.

리을 이야기

    리을 음은 우리말 첫소리에서는 회피하는 음입니다. 두 음법칙이라고 하는 말이 리을과 관계가 있습니다. 우리말에서는 리을 음을 첫소리에서 안 쓰려고 하는데 영어에서는 리을 음을 'R, L'로 구별까지 하니 한국인에게 가장 어려운 음이 아닐까 합니다. 물론 우리말에도 리을로 시작하는 어휘가 있습니다. 이 어휘는 대부분 외래어입니다. 라면이나 라디오, 리본 같은 말이 대표적이겠네요. 너무 많이 써서 이제 '라면' 같은 말은 우리말이 아닐까 하는 생각이 들 정도입니다.

저는 대학교에 다닐 때, 조금 엉뚱한 조사를 해 보았습니다. 리을로 시작하는 순우리말을 찾아본 겁니다. 찾아보나 마나 실패할 조사였습니다. 두음법칙이 있는 우리말에서 리을로 시작한다는 것은 외래어라는 말이고, 그것은 순우리말이 아니라는 의미이기 때문입니다. 당연히 말도 안 되는 조사였지만 그 김에 사전을 처음부터 끝까지 본다는 생각으로 시작했습니다. 아무리 생각해도 헛수고라는 생각이 들었습니다. 그런데 거의 끝까지 찾아보았을 때 한 단어를 찾게 되었습니다. 그 단어는 무엇이었을까요? 바로 '리을'이라는 단어였습니다. 물론 리을(梨乙)도 한자로 표기가 가능합니다만, 이는 어쩔 수 없이 표기했던 것이지 한자어라는 의미는 아닙니다.

리을이라는 글자는 새 '을(乙)' 자와 닮아있습니다. 한자를 참고했다면 분명히 새 을을 참고했을 것으로 보입니다. 리을이라는 한자에도 새 을이 들어가 있네요. 글자 이름을 만들 때도 아마 고려가 있었을 겁니다. 그리고 리을은 글자의 모양처럼 굽이굽이 흘러가는 느낌의 소리라고 할 수 있습니다. 연구자 중에는 리을을 기역에서 시작하여 니은으로 끝나는 음이라고 소개하는 경우도 있습니다. 글자가 기역과 니은을 합쳐놓은 느낌이기도 하죠. 발음을 해 보면 더

욱 그런 느낌이 납니다. 기역 발음을 하려는 혀 모양처럼 입
천장 쪽에서 시작하여 니은 발음의 모습으로 끝이 납니다.
니은과 리을은 혀의 위치가 비슷합니다.

우리말에서 리을은 첫소리보다는 끝소리에서 매력적입니
다. 리을은 울림소리면서 유음(流音)입니다. 흘러가는 음이
죠. 리을은 글자 모양도 그렇게 생겼지만 굴러다니거나 흘
러가는 느낌을 줍니다. 강물이 흘러가고, 바람이 불어옵니
다. 굴러가고, 돌아가고, 올라가고, 끝없이 움직이는 느낌
입니다. 살아있는 거죠. 솔솔 바람이 불고, 이야기가 술술
나오고, 눈물이 줄줄 흐릅니다. 살아서 움직이는 느낌이 아
닌가요?

흥미로운 리을은 고려가요에서 찾을 수 있습니다. 고려
가요를 보면 후렴구에 알 수 없는 소리가 이어지는 경우가
있습니다. 청산별곡에 '얄리얄리 얄랑셩 얄라리 얄라'가 대

표적이지요. 여기에도 리을 음이 잔뜩 보이네요. 이 후렴구는 대국(大國)이라는 고려가요에도 '얄리얄리얄라 얄라셩 얄라'로 비슷하게 나옵니다. 대국은 무가(巫歌)입니다. 무당의 노래라는 말입니다. 고려가요에는 무가가 많습니다. '나례가(儺禮歌)'의 경우에는 아예 후렴구가 '리라리러 나리라 리라리'입니다. 나례가는 무당이 역귀를 쫓기 위해 부르는 노래입니다. 무가에서 리을 음이 보여주는 강력한 주술적 힘이라고나 할까요? 대왕반(大王飯)에는 '디러렁다리 다리러 디러리'가 나오고 내당(內堂)에는 '다로럼 다리러'가 후렴으로 나옵니다. 재미있는 것은 성황반(城隍飯)이라는 고려가요인데, '다리러 다로리 로마하 디렁디리 대리러 로마하 도람다리러 다로링 디러리 다리렁 디러리'로 긴 후렴구가 나옵니다.

　정말 흥미로운 것은 군마대왕(軍馬大王)이라는 고려가요입니다. 군마대왕은 아예 가사가 없이 전부 주술적인 소리로만 이루어집니다. '리러루 러리러루 런러리루, 러루 러리러루, 리러루리 러리로, 로리 로라리, 러리러 리러루 런러리루, 러루 러리러루, 리러루리 러리로' 구음(口音)으로 보는 연구가 많고, 현악기의 소리일 거라는 주장도 있습니다. 구천(九天)이라는 무가도 '리로 리런나 로리라 리로런나 로라리 리로리런나 오리런나 나리런나 로런나 로라리로 리런나'

로 이루어진 것으로 봐서 특별한 의미를 담고 있지는 않은 듯합니다. 오히려 무가라는 특성에 비추어 볼 때 신이 들렸을 때 마치 방언(方言)을 하듯이 내는 주술적인 소리를 담은 것이 아닌가 합니다.

　이렇게 리을 음은 흘러가는 음이기는 하지만 강력한 힘을 담고 있는 특별한 음이었다는 생각이 듭니다. 리을 음이 노래 속에 많이 들어가는 것도 리듬을 타면서 힘을 내려 한 것이 아닐까요? 우리나라뿐 아니라 많은 나라의 노래에 리을 음이 들어가 있는 걸 알 수 있습니다. 그래서 신이 납니다. 몸이 절로 움직입니다. 리을 음을 듣고, 말할 때마다 그 힘을 느껴 보시기 바랍니다.

미음 이야기

미음이라고 하면 죽과 비슷한 미음을 떠올리는 분도 있을지 모르겠습니다. 한글 자모의 이름 중에서 유일하게 자주 쓰는 동음이의어로 '미음(米飮)'은 한자어입니다. '죽(粥)'도 한자어입니다. 미음은 쌀 등을 끓여서 체로 밭쳐 먹는 음식으로 주로 아이나 환자가 먹습니다. 죽보다는 더 묽은 음식이라고 할 수 있습니다. 한편 우리가 지금 이야기하려고 하는 미음은 한글 자모에서 입술소리의 대표 글자입니다.

미음의 모양은 입 모양을 보고 만든 글자라고 할 수 있습니다. "입 모양이 동그랗지 않고 네모난가?" 하고 물어볼 수 있지만 한자 '구(口)'를 보면 쉽게 이해됩니다. 한자 '입구'의 옛 모습을 보면 훨씬 더 입 모양에 가깝습니다. 지금의 '口'라는 글자는 입의 추상화된 모습입니다. 코의 추상화된 글자는 스스로 '자(自)'입니다. 자신을 의미하는 글자는 코에서 출발한 겁니다. 자(自)에서 코가 상상이 되나요? 한자는 본래 상형문자로 출발하였지만 편리하게 사용하기 위해서 점점 추상화합니다.

미음은 입술에서 나는 가장 기본적인 소리입니다. 여기에서 비읍과 피읖이 나왔습니다. 미음은 울림소리여서 편안하게 오래 지속되는 느낌도 납니다. 미음은 입을 다물고 내는 소리여서 그런지 사방이 막혀있는데도 따뜻한 느낌이 납니다. 어쩌면 입안의 온도가 미음이라는 소리를 따뜻하게 하였을지도 모릅니다. 안정되어 있고, 안심할 수 있는 느낌이라고나 할까요? 미음의 벽을 벗어난 소리가 비읍과 피읖입니다. 밖으로 나아가는 소리의 느낌이 납니다. 미음은 우리에게 이렇게 편안한 느낌을 줍니다. 미음이 포함되어 있는 단어를 보면 더 그런 느낌이 납니다.

아이가 태어나면 제일 먼저 내는 소리가 입술소리입니다. 입술소리 중에서도 미음 소리가 제일 편하게 낼 수 있는 소리인 듯합니다. 입술소리면서 울림소리인 미음이 무의식적으로, 또는 의식적으로 낼 수 있는 사람의 첫소리로 보입니다. 그래서 우리에게 제일 소중한 말은 미음으로 시작하는 경우가 많습니다. 우리에게 뭐가 제일 중요한가요? 우리에게 제일 소중한 단어는 무언가요? 우선 엄마가 떠오르네요. 많은 언어에서 엄마를 나타내는 말은 미음으로 시작합니다. 영어의 'mama'나 한자어 '母'가 대표적인 예입니다. 유아어로 갈수록 미음으로 시작하는 단어가 많아집니다. 엄마라는 말과 함께 우리말에는 '맘마'라는 말이 있습니다. 아이들이 쓰거나 아이들에게 쓰는 말입니다. 어쩌면 엄마라는 말만큼이나 중요한 게 맘마가 아닐까요? 아이도 먹고 살아야 하니까요. 제 큰아이는 '물'이라는 단어로 말을 시작했습니다. 목이 말랐나 봅니다. 엄마, 맘마, 물 모두 미음과 관련이 있습니다.

유아어가 아니어도 미음은 우리에게 무엇이 중요한지를 보여줍니다. 대표적으로 지금 계속 이야기하고 있는 '말'이라는 단어가 있습니다. 말은 사람을 사람답게 만듭니다. 말이 없었다면 수많은 다툼이 있었을지도 모릅니다. 말로 해야 하는데 주먹을 쓰니 말입니다. 기독교에서는 말씀이 태초부터 있었다고 선언하기도 합니다. 태초부터 있다는 것은 늘 우리와 함께 있다는 것이고, 가장 소중하다는 의미입니다. 그리고 말은 마음으로 이어집니다. 말이 통하는 것은 마음이 통하는 겁니다.

그래서일까요? 마음이라는 단어는 듣기만 하여도 따뜻합니다. 특히 '엄마의 마음'은 더 그런 느낌이 듭니다. 미음과 미음이 이어지면서 우리를 편하게 합니다. 그래서 미음 소리가 더 안심이 되는 것일 수도 있습니다. 우리의 마음은 다시 '몸'으로 이어집니다. 마음이 몸을 떠나서도 마치 존재할 수 있는 것처럼 말하지만 마음은 몸을 떠날 수 없습니다. 몸이 없으면 마음도 없습니다. 몸이 괴로우면 마음도 괴롭고, 마음이 힘들면 몸도 힘듭니다. 몸과 마음은 하나로 이어져 있습니다.

엄마, 맘마, 물, 말, 몸, 마음 모두 미음이 보여주는 세상입니다. 저는 미음을 보면 좀 더 근원적인 세상, 우리가 태어난 이 세상을 생각해 보게 됩니다. 그리고 말과 말이 통하고, 마음과 마음이 통하고, 몸과 마음이 덜 아픈, 그래서 더 따뜻한 세상을 희망합니다.

비읍 이야기

비읍 글자에는 위로 올라가는 이미지가 있습니다. 미음 (ㅁ)처럼 입술에서 나는 소리이지만 글자 모양은 위로 올라가는 두 선이 더해진 수수께끼의 글자입니다. 수수께끼라고 이야기한 것은 왜일까요? 한글은 가획(加劃)의 원리라고 해서 비슷한 발음의 글자를 새로 만들 때 기존의 글자에 획을 하나씩 더해서 세기를 표시하는데 비읍과 피읖은 방식이 다릅니다. 기역과 키읔, 디귿과 티읕, 시옷과 지읒을 보면 모두 획을 하나 더한 글자입니다.

그런데 비읍은 미음에 위로 두 선이 올라가 있습니다. 마치 뿔처럼 말입니다. 물론 뿔 모양을 만든 건 아닙니다. 피읖은 양쪽 옆으로 퍼져 있습니다. 특이하게 만든 글자라고 할 수 있습니다. 저는 비읍이라는 글자가 한자 입 구(口)의

옛글자와 관계가 있다고 봅니다. 입 구(口)의 옛 글자를 찾아보면 비읍 모양을 발견할 수 있습니다. 한자 서예를 볼 때 잘 살펴보면 비읍 모양을 찾을 수 있을 겁니다. 그 비읍 모양의 글자는 사실은 모두 입 구(口)를 쓴 글자입니다.

비읍은 글자 모양도 그렇지만 발음 역시 상승의 느낌이 있고 타오르는 느낌이 있습니다. 입술소리지만 입을 다물었다가 터트리는 음이기 때문에 그렇습니다. 대표적인 단어가 '불'입니다. 앞에서 이야기한 '뿔'도 위로 올라가는 느낌이 담긴 단어죠. 아이들이 그린 그림을 보면 불을 비읍자처럼 그려놓은 걸 볼 수 있습니다. 불 모양을 그리다 보면 자연스레 비읍이 연결되기도 하는 것 같습니다. 어쩌면 세종께서 비읍 글자를 만들 때 이런 이미지를 고려했을 수도 있습니다. 가획의 원리를 조금 비튼 이유는 여전히 수수께끼지만 말입니다. 상승의 이미지를 생각해 보면 싹이 돋는 '봄'의 느낌도 생각이 납니다. 계절 중에서 봄이 비읍을 담고 있습니다.

불하고는 느낌이 좀 다르지만 타오르고 뜨거운 느낌에는 비읍이 쓰이는 것을 발견할 수 있습니다. 불과 함께 쓰이는 '빛'이 그렇습니다. 불빛을 생각해 보면 알 수 있을 겁니다. 불은 빛과 닮아있습니다. 밝히는 존재입니다. 그리고 빛은 '볕'으로도 연결됩니다. 햇빛이 밝은 이미지라면 햇볕은 온도를 전합니다. 어두운 게 나쁜 건 아닙니다만 빛은 우리에게 새로움을 줍니다. 다시 태어나는 느낌입니다. 빛과 볕의 발음이 비슷한 게 재미있습니다. 하나는 밝기에 주목했다면 하나는 온기에 주목했기 때문입니다. 같은 대상을 놓고 바라보는 관점에 따라 표현이 달라집니다.

하늘에서 내려오는 빛에는 또 다른 하나가 있습니다. 바로 비가 오는 날이면 우리를 놀라게 하는 불빛인 번개도 비읍으로 시작하는 낱말입니다. 번개의 번은 빛이라는 뜻입니다. '번쩍번쩍'의 이미지를 생각해 보면 금방 알 수 있습니다. 번쩍의 친구 '반짝'도 있습니다. 반을 생각하다보면 '반딧불이'도 만나게 됩니다. '반디'는 빛 벌레라는 의미입니다. '반'과 '번'은 모두 빛의 어원과 관련이 있는 말입니다. 반갑다는 말도 빛과 관련이 있습니다. 이제 우리는 빛이 희망이 되는 경우를 만납니다. 바로 하늘의 '별'입니다. 별은 말 그대로 높은 곳에 있는 빛입니다. 별빛이라고도 합니다.

그래서 우리는 별에게 소원을 빌고, 별에 가고 싶고, 별이 되고 싶습니다. 칠성님께 비는 모습이나 영어의 '스타(star)'라는 표현이 보여주는 세계를 생각하면 더 더욱 그렇습니다.

비읍에는 미음이라는 네모를 '벗어나', 나가는 이미지도 보입니다. '밖'이나 '바깥'이라는 단어에도 비읍이 보이네요. '바람'이 부는 것도 어찌 보면 나가는 게 아닐까 싶습니다. 머무르지 않고 내 옆을 스쳐 지나갑니다. 비읍에는 이렇게 갇힌 틀을 깨고 나가는 이미지가 있습니다. 그래서 스스로 타오르고 남을 비추는 이미지가 됩니다. 뜨겁기도 하고 따뜻하기도 한 비읍의 이미지를 다시 생각해 봅니다.

시옷 이야기

어찌 보면 시옷이라는 이름이 우리에게는 가장 친숙할 수 있겠습니다. '옷'이라는 단어가 이름 속에 담겨있기 때문입니다. 시옷이라는 말도 원래는 '시옷'이라고 쓰고 싶었으나 '옷'이라는 한자가 없어서 궁여지책으로 '옷'을 찾은 것입니다. 물론 옷이라는 한자도 없었기에 옷 '의(衣)' 자를 쓰고 동그라미를 쳤습니다. 뜻으로 읽으라는 의미입니다. 이렇게 시옷을 쓰고 보니 시옷보다 발음도 편리하고 의미도 잘 다가옵니다. 때로는 궁여지책이 좋은 결과를 낳습니다. 북한에서는 원래의 의도를 생각해서 그냥 '시옷'이라고 씁니다.

시옷의 이름을 생각하면서 저는 옷의 느낌을 생각해 보았습니다. 혹시 시옷의 느낌과 닮아서 '옷'을 선택한 것은 아닐까 궁금해졌기 때문입니다. 옷은 윗도리도 그렇고 바지도 그렇고 팔과 다리로 나뉘어 있습니다. 나뉜 모습에서 시옷의 이미지가 떠오릅니다. 바지의 모습은 그대로 시옷의 느낌이고, 저고리도 시옷의 느낌이 강합니다. 펼쳐진 치마도 세모 모양으로 시옷의 이미지를 닮았습니다. 이름에 옷을 넣은 것은 우연은 아니라는 생각이 듭니다.

　원래 시옷의 글자는 '이'를 상형한 것입니다. 이빨 모양은 산처럼 뾰족하게 표현하는 게 당시에는 상식이었던 듯싶습니다. 당시 이빨의 모양을 가장 잘 보여준 글자는 한자의 '이 치(齒)'입니다. 치(齒)라는 글자 안에는 시옷이 네 개나 들어있습니다. 마치 사람 인(人)처럼 보여서 사람이 아닐까 하는 분도 있지만 사실은 이빨의 모습입니다. 시옷 네 개를 둘러싼 것은 입모양입니다. 위의 두 개가 윗니를 상징하고, 아래의 두 개가 아랫니를 나타냅니다. 정확히 우리 입모양과 윗니, 아랫니의 모습을 보여주고 있는 글자입니다. 세종 당시에 이빨 모양을 떠올리면 당연히 시옷 모양을 떠올렸을 겁니다. 글자를 만들 때 세상의 상식을 반영한 겁니다.
　시옷이 산 모양이니까 산하고 관계있는 것 아니냐는 생

각도 있는데 아무래도 산(山)이 한자어라는 점에서 큰 관계
는 없어 보입니다. 그리고 당시에 산이라는 말은 순우리말
로 '뫼'를 주로 사용하였습니다. 다만, 시옷이 솟는 이미지
라는 점에서 '솟다'와는 관계가 있지 않을까 합니다. '솟을
지붕'의 느낌은 어떤가요? 시옷의 이미지가 그대로 느껴지
지 않나요? '솟을나무'나 '솟을각'이라는 단어를 찾아보면
아예 'ㅅ 모양'이라고 설명이 나옵니다. 시옷에는 솟는 느낌
도 있습니다.

　　한편 시옷은 두 선이 만나고 있다는 점에서 만남을 보여
주고 있습니다. 제가 시옷에서 받는 느낌은 만남입니다. 두
선이 하나가 됩니다. 우리말을 보면 우선 '사람'이라는 단어
가 시옷으로 시작합니다. '살다'라는 낱말도 시옷으로 시작
하는 말입니다. 사랑이라는 말도 시옷으로 시작하는 대표
적인 말입니다. 사람이 살면서 서로 사랑하는 것이 우리의
삶이 아닐까요? 시옷이 보여주는 참다운 만남의 세상입
니다.

　　또한 시옷에서는 스침이 느껴집니다. 시옷은 잇소리입니
다. 따라서 어딘가 막히지 않고, 울리지도 않고 이빨 사이

를 스치고 지나가는 음입니다. 마찰음이라고 합니다. 당연히 스침이 가장 많은 음입니다. 이렇게 스치는 것에서는 소리가 납니다. 가벼운 부딪침 속에서 소리가 나는 거죠. 그래서일까요? '스치다'라는 단어와 '소리'에 시옷이 담겨있는 것은 우연치고는 묘합니다. 스치면서 나는 소리에 시옷이 많이 쓰입니다. 스르륵, 쌩, 쉬, 솔솔 등. 아마 훨씬 더 많은 의성어를 찾을 수 있을 겁니다. '숨'도 스치는 소리입니다. 숨소리도 대부분 시옷 소리입니다. '새근새근'이나 '씩씩'이라는 소리가 숨소리를 나타냅니다. 모양을 나타내는 말에도 스치는 것에는 시옷이 들어갑니다. 대표적으로 두 손을 스치면서 비는 것을 '싹싹'이라고도 하죠. '싹싹'은 된소리이기는 합니다만, 일반적으로 된소리는 예삿소리에서 발달된 것이라고 봅니다.

　저는 시옷을 보면서 서로 사랑하며 사는 사람을 느낍니다. 그리고 솟는 힘을 느낍니다. 우리는 스치는 인연을 타고난 사람들입니다. 수많은 사람과 만나고 헤어집니다. 우리가 서로 함께하면 언제나 힘이 났으면 좋겠습니다. 서로에게 힘이 되는 존재가 되기를 꿈꿉니다.

이응 이야기

'이응'은 모음 앞에 쓰일 때와 받침에 쓰일 때에 전혀 다른 소리가 됩니다. 아시다시피 앞에 쓰일 때는 자리를 표시해 주는 정도의 역할만 합니다. 발음을 할 필요가 없다는 의미죠. 그런데 모음 앞에 쓰이는 이응과 히읗이 서로 관계있는 글자라는 점은 우리에게 생각할 점을 줍니다. 옛날에는 이응과 히읗 사이에 여린히읗이라는 글자도 있었습니다. 이 말은 다시 거꾸로 생각해 보면 여린히읗은 센 이응이라고도 할 수 있을 것 같습니다. 히읗을 여리게 하면 여린히읗이 되고, 여린히읗에서 더 힘을 빼면 이응이 되는 겁니다. 아마 자리뿐만 아니라 있는 듯 없는 듯한 소리를 이응으로 표기한 것이 아닌가 싶습니다. 불교에서 말하는 공즉시색(空卽是色), 색즉시공(色卽是空)의 느낌이라고나 할까요?

이응이 받침으로 쓰일 때 예전에는 옛이응을 썼습니다. 글자 모양도 지금과는 다릅니다. 현재의 이응 위에 싹이 돋아있는 모습입니다. 이 말은 원래 두 글자는 같은 글자가 아니었다는 말입니다. 두 글자가 각각 하나는 모음 앞에서만 쓰이고 하나는 받침에서만 쓰이기에, 그리고 두 글자가 닮아있기에 하나로 통일하여 쓰게 된 것으로 보입니다. 받침에 쓰이는 이응은 기역과 같은 자리에서 소리 나는 음입니다. 어금닛소리이고, 센입천장소리입니다. 이응은 사실 기역과 닮은 음이라고 할 수 있습니다. 그래서 받침에서 기역이 이응으로 변하는 예가 많습니다. 국물이 [궁물]로 소리 나는 게 대표적입니다.

　받침에 이응이 쓰이는 예를 찾아보다가 어린아이의 발음이나 귀엽게 보이려 말을 할 때 이응이 쓰이는 예를 다수 보게 되었습니다. 재미있는 현상입니다. 대표적으로는 자장노래를 볼 수 있습니다. '자장자장'은 '자자'를 어린아이의 말로 한 게 아닌가 싶습니다. 제주도 자장노래에서는 '자랑자랑 웡이자랑'이라고 합니다. 애기구덕을 흔들면서 불러주는 노래라고 하는데, 이응 받침이 되풀이하여 나옵니다. 제주 방언에 이응받침이 많이 보이기는 하지만 자랑은 자라에서 나온 말이 아닐까 싶습니다. 얼마 전에 살펴본 일본

옛 자장가에도 응으로 끝나는 말이 보였습니다. 어쩌면 이 응 소리가 아가들에게 안정감을 주는 발음이었을 수도 있 겠네요.

최근에는 문자 등에서 쓰이기 시작하여 일상생활에도 쓰 이는 받침 이응이 있습니다. 대표적으로 '넹, 아니용'이라고 쓰는 경우를 보게 됩니다. '좋아용, 괜찮아용'처럼 '해요체' 를 '해용체'로 바꾼 예들도 보입니다. 시간이 많이 지난 후 에는 우리말 높임법에 이렇게 해용체도 나타나지 않을까 하는 생각도 들었습니다. 알고 보면 해요체도 예전부터 널 리 쓰이던 말투는 아니었습니다. 해요체를 여성의 말투로 보는 견해가 아직 남아있기도 합니다. 이제 '고마워용, 미 안해용'과 같이 말하는 사람도 꽤 있습니다. '잘 가용, 잘 있 어용'처럼 말해서 조금 더 친근감을 나타내려고 쓰는 이응 으로 보입니다. 귀엽게 보이려고 해용체를 쓰기도 합니다. 가끔은 역효과가 나타나기도 하니 조심해야 합니다.

자장이나 해용 같은 말을 하게 된 것은 왜일까요? 어쩌면 시작은 아이의 말투 또는 아가를 대하는 엄마의 말투였을 지 모릅니다. 이응이라는 발음이 울림소리이고 콧소리여서 조금 애교가 있는 모습으로 비쳤을 겁니다. 지금도 비음을 많이 쓰면 애교를 부린다고도 하니 말입니다. 아이들의 발음을 들어보면 콧소리가 많이 납니다. 특히 뭔가를 부탁할 때는 더 콧소리가 많아지는 듯합니다. 어른도 그런 경우가 있지요. 콧소리를 써서 부탁을 하는 겁니다.

　이응 이야기를 하다가 갑자기 아기의 모습이 떠오르면서 동시에 귀여운 동물들의 이름이 생각납니다. 이응의 느낌이 더 확 다가옵니다. 송아지, 강아지, 망아지, 병아리를 보세요. 모두 이응이 들어있네요. 재미있지요? 말이라는 게 참 재미있습니다. 우리말의 신비가 느껴집니다. 이응 발음이 우리말에 새로운 느낌을 더해 줍니다. 이응 받침이 들어있는 재밌는 말을 더 찾아봐야겠네요.

지읒이야기

지읒부터는 앞의 여덟 개 자음과는 접근법이 좀 다릅니다. 앞의 자음은 모두 받침에서도 자신의 소리를 유지하는 글자였습니다만, 이제부터 보는 글자들은 받침에서 자신의 소리가 사라지고 중화되고 맙니다. 시옷도 말음(末音)에서 자신의 소리가 나지 않지 않느냐고 물을 수 있습니다. 맞습니다. 그런데 훈민정음 당시에는 시옷도 말음에서 소리가 났다고 보는 주장이 많습니다. 이른바 종성(終聲)에서는 8개의 종성이 가능하다는 '팔종성가족용(八終聲可足用)'입니다. 예전에는 받침에 아예 지읒이 쓰이지 않았습니다. 따라서 지읒은 첫소리에 초점을 맞추어 생각해 보아야 합니다.

지읒의 글자를 보면 재미있는 것을 발견하게 됩니다. 지읒은 시옷에 가획(加劃)을 한 글자입니다. 가획의 방법에는 여러 가지가 있을 수 있습니다. 기역이나 디귿을 보면 사이에 한 획을 더했습니다. 비읍은 위에 뿔처럼 더했습니다. 그런데 지읒은 위를 막는 한 획을 더 합니다. 왜 그랬을까요? 훈민정음에서는 그 이유를 설명하지 않고 있습니다. 또 우리는 수수께끼로 빠지게 됩니다. 저는 시옷의 느낌과 치읓의 느낌을 생각해 보면서 지읒의 글자를 곰곰이 생각해 보았습니다. 시옷은 위로 솟는 느낌이 있는 글자입니다. 그렇다면 지읒은 솟는 기운을 막고 있는 모습이 아닐까요? 시옷의 느낌에 비해서 지읒은 약간 막혔다가 터지는 음이어서 조금은 주저하고 있는 느낌이 있습니다.

　지읒으로 시작하는 말에는 솟는 것이 막혀서 안정적인 단어가 많이 보입니다. 가장 대표적인 말로는 '집'이 아닐까 싶습니다. 집에서 나온 말인 '지붕'도 같은 느낌입니다. 시옷에 지붕을 씌운 것이 지읒일 수 있겠습니다. 막힌 느낌이

나는 형용사로는 '작다'와 '적다'를 생각해 볼 수 있습니다. 더 올라가지 않는 느낌입니다. '잔소리, 잔일, 잔말'의 느낌도 생각해 볼 수 있습니다. 작고 가는 것을 의미할 때 '잔'을 씁니다. '좀, 조금'이라는 말도 작다는 의미와 연관이 됩니다. 터져나가지 않는다는 점에서는 '잡다. 쥐다'와 같은 어휘도 생각해 볼 수 있습니다. 막혀 있는 느낌입니다. 막혀 있다 보면 점점 줄어들기도 합니다. '줄다와 졸다'의 느낌을 생각해 보면 그렇습니다. '졸다'는 '조리다, 조림'으로 모양을 바꿉니다. 닫는 느낌으로는 '잠그다'도 생각해 볼 수 있습니다. '자물쇠'의 느낌도 그렇습니다.

　작고, 적고, 줄어드는 느낌에서는 아무래도 큰 소리가 나기 어렵습니다. 조용한 느낌이 납니다. '잔잔하다'는 말의 느낌이나 '잠잠하다'의 느낌이 있습니다. '잠잠하다'에서 '잠'의 어원을 한자 '잠(潛)'으로 보는 경우도 있습니다만, '잠을 지다'라고 할 때의 잠과 연계하는 경우도 있습니다. '잠자코'는 좀 더 자는 '잠'과 관련이 있어 보입니다. 잠의 전 동작은 '졸다'입니다. 역시 지읒으로 시작하고 있고 활발한 느낌은 아닙니다. 졸음을 지나 잠은 가장 조용한 상태를 의미합니다. '자장자장'의 노랫소리가 조용히 들리는 듯합니다.

우리의 감정을 나타내는 단어 중에서는 '즐겁다, 즐기다' 가 보입니다. 즐겁다는 말은 '기쁘다'와는 달리 혼자서 느끼는 감정이 아닙니다. 여럿이 함께 느끼는 감정입니다. 그럼에도 아주 소란스러운 느낌은 아닙니다. 일이 즐겁고, 이야기가 즐겁고, 사는 게 즐거운 모습에서 아주 힘찬 에너지보다는 잔잔한 기쁨을 보게 됩니다. 논어에 보면 멀리서 친구가 찾아오면 즐겁다고 했습니다. '즐겁다'의 느낌을 가장 잘 보여주는 게 아닐까 싶습니다. 지읒을 보면서 지나치지 않은 조용함과 따뜻함 그러면서도 편안함을 만납니다.

치읓 이야기

치읓이라고 하면 어떤 단어가 떠오르나요? 사람들에게 물어보면 주로 '치다'나 '차다'와 같은 어휘를 이야기합니다. 멀리 떨어뜨리려는 느낌이나 힘을 가하는 느낌이 있는 어휘들입니다. 저도 같은 어휘들이 머릿속에서 떠올랐습니다. 이렇게 치읓은 막혀있거나 멈춰있는 것을 움직이게 하는 느낌을 줍니다. 뚫고 나가는 느낌도 있습니다.

치읓은 글자의 모양에서 움직임의 느낌이 있습니다. 시옷이 솟는 느낌이고, 지읒이 솟는 것을 막는 느낌이었다면 치읓은 막힌 것을 다시 뚫는 느낌의 글자입니다. 세종께서 이런 느낌을 글자에 담으려고 했다면 참으로 잘 만든 글자라는 생각이 듭니다. 시옷도 지읒도 그리고 치읓도 우리말의 느낌을 잘 담은 셈입니다. 물론 세종대왕의 의도는 아직 정확히 밝혀지지 않았습니다. 저도 참 궁금합니다. 시옷에서 지읒, 치읓으로 획을 더하는 원리는 이응과 여린히읗, 히읗과 같습니다. 물론 시옷에서 지읒은 획이 붙어있는 반면 여린히읗은 이응에서 획이 떨어져 있다는 차이가 있습니다. 한글은 공부하면 할수록 수수께끼투성이입니다.

치읓으로 시작하는 대표적인 단어는 '차다'가 아닐까 싶습니다. 발로 찬다는 의미에서 멈춰있는 것을 멀리로 움직이게 하는 느낌의 어휘입니다. '차다'는 이밖에도 여러 의미로 쓰입니다. 소리가 같고 뜻이 다른 다의어로 보입니다만, 느낌에는 공통점이 있습니다. '가득 차다'와 '숨이 차다'의 경우를 보면 넘치려고 하는 모습을 보여줍니다. 사실 숨이 차는 경우는 거의 넘쳐서 헐떡대기까지 하죠. '날이 차다'라고 할 때처럼 온도를 나타낼 때도 우리가 견디기 힘든 것을 의미하는 게 아닐까 싶습니다. '춥다'도 비슷한 관점에서 접근이 가능할 것 같습니다. 그런 점에서 보면 견디는 것을 우리말에서 '참다'라고 하는 것도 치읓의 느낌을 담고 있습니다.

치읓의 느낌은 접두사에서 더 잘 나타납니다. '치'가 대표적입니다. '치다'에서 온 말인 접두사 '치'는 주로 위로 뚫고 올라가는 느낌을 더합니다. '치솟다, 치밀다'는 아래쪽에서 위쪽으로 세게 올라가는 모습입니다. 치읓 글자의 느낌을 그대로 담고 있습니다. '치다'나 '치우다'라는 말도 무언가를 움직이게 힘을 가하는 모습을 나타내고 있는데 접두사로 되면서 방향을 위로 고정시켜주는 느낌입니다. '추'에서도 움직임의 느낌을 발견할 수 있습니다. '추기다'의 경우는 '부추기다'에서 의미를 더 확실하게 알 수 있는데, 어떤 일을 하게 만드는 것입니다. '추켜세우다'는 위로라는 방향성도 보여줍니다. 위로 올리는 것을 의미하는 게 추켜세우는 행위이기 때문입니다. 이렇게 '치'와 '추'가 치읓의 느낌을 보여줍니다. '추'는 접사로 쓰일 때도 느낌을 담습니다. '들다'와 '들추다'의 느낌을 비교해 보면 알 수 있습니다. '밀다'와 '밀치다'의 느낌도 비교해 볼 수 있습니다.

한편 '추'가 담긴 표현 중에 눈길을 끄는 것은 '춤을 추다'입니다. 춤이야말로 움직임의 대표가 아닐까요? 어깨춤을 추고 있는 어르신의 모습이 떠오릅니다. 우리민족은 예부터 기분이 좋으면 어깨춤이 절로 나왔습니다. 어깨가 들썩들썩 합니다. 춤이 시작되는 거죠. 무속인의 춤을 보면 우리 춤의 원형에 대해서도 추론이 가능하지 않을까 합니다. 무속인이 춤추는 모습을 보면 제자리에서 높이 뛰어오르는 행위를 반복하기도 합니다. 절정의 순간에 추는 춤입니다. 그야말로 신이 내린 순간의 춤의 모습이라고 할 수 있겠습니다. 제가 볼 때는 그 모습 역시 치읓의 느낌을 제대로 보여주는 장면입니다. 위로 솟구치며 하늘을 향하고 있는 모습입니다. 답답함을 뚫고 있습니다.

치읓은 막힌 것을 뚫고 올라가는 글자입니다. 뭔가 답답한 것을 해결해 주는 느낌도 납니다. 하지만 그 해결방법이 차고, 치는 방법이 아니면 좋겠습니다. 힘으로, 폭력으로 해결하는 느낌도 있어서 걱정이 됩니다. 그렇다고 숨이 찰 정도로 무조건 참는 것도 좋지는 않아 보입니다. 오히려 즐거운 춤이 해결책이면 좋겠습니다. 숨이 찰 정도로 춤을 추고 땀을 흘리며 카타르시스를 느끼면 답답함도 덜어지지 않을까요?

키읔 이야기

키읔의 이미지는 어떤가요? 요즘 아이들에게 물어보면 아마도 이모티콘으로 보내는 웃음 'ㅋㅋ'을 떠올리지 않을까 싶습니다. '크크'나 '키득키득'의 느낌을 떠올리는 것이겠죠. 그러고 보면 키읔이라는 글자는 눈을 가늘게 뜨고 웃는 모습처럼도 보입니다. 글자가 표정을 나타내고 있습니다. 인터넷이나 문자에서 지나친 한글파괴를 걱정하는 사람도 있지만, 글자는 감정을 실으며 새로운 발전을 이루고 있습니다. 이모티콘은 말 그대로 감정기호입니다.

키읔 발음의 이미지는 아무래도 날카로움과 연결이 되지 않을까 싶습니다. 날카롭다는 단어에도 '카'가 들어있습니다. 목소리도 '카랑카랑'하다고 하면 날카로운 느낌이 납니다. 날카로운 느낌의 최고봉은 뭐니뭐니 해도 '칼'이죠. 칼의 옛말은 '갈'입니다. 지금도 갈치라는 단어에 칼의 옛 모습이 남아있습니다. 칼의 의미를 담은 어휘의 어원을 살펴보면 '갈고리, 칼을 갈다[研磨], 가르다[分]' 등에 칼의 옛 흔적이 남아있다는 생각이 듭니다. 어원을 의식해서인지, 갈치를 가끔 '칼치'라고 발음하는 사람도 있습니다. 아무래도 언중은 갈이 아니라 칼이 맞다는 생각을 하는 것 같습니다. 기역과 키읔의 느낌 때문에 그럴까요? 저는 갈보다는 칼이 훨씬 날이 잘 들 것 같습니다. 날카로운 느낌입니다.

키읔은 날카롭다는 이미지와 함께 높다는 느낌도 담고 있습니다. 신체부위에서는 코가 그런 역할을 합니다. 얼굴에서도 제일 높은 부분이 코죠. 높다는 느낌을 달리 표현하면 크다가 됩니다. 사람의 크기를 재는 것을 '키'라고 합니다. 높다와 높이의 관계처럼 '크다'의 명사형이 '키'라고 할 수 있습니다. '크기'만 '-기'가 들어가는 예여서 좀 예외의 느낌이 있습니다. '길이, 넓이, 무게, 깊이'는 높이와 마찬가지로 모두 접사 '-이'가 붙어 있습니다.

'코'와 '키'도 어원적으로 보면 기역과 관련이 됩니다. 지명을 보면 바다 쪽으로 좁고 길게 나온 부분을 '곶'이라고 합니다. 장산곶이라는 지명이 있지요. 코와 어원이 같다는 것이 일반적인 접근입니다. '키'의 경우는 '길'이라는 단어와 연관을 지을 수 있습니다. 길은 사람의 키를 나타내는 단위입니다. "열 길 물속은 알아도 한 길 사람 속은 모른다."라는 속담에 나오는 '길'이 바로 그 낱말입니다. 한 길은 한 사람의 키 정도를 나타내는 말입니다. 키가 길인 셈입니다.

이렇게 보면 키읔은 기역에서 발달하였고, 비교적 후대에 생긴 음임을 알 수 있습니다. 유창돈 선생의 《이조어 사전》에는 키읔으로 시작하는 어휘가 네 쪽 정도에 불과합니다. 매우 적은 수입니다. 한글 자모 중에서 이조어 사전에 제일 적게 나오는 자음의 항목입니다. 동사와 형용사도 '캐다, 켜다, 크다, 키우다' 정도로 거의 나타나지 않습니다. 이런 사실들은 키읔이 후대에 발달한 음으로 볼 수 있는 근거이기도 합니다. 어휘의 수가 적다는 것은 새로 생긴 음일 가능성을 보여줍니다.

그럼 키읔은 어떻게 생기게 되었을까요? 다른 거센소리와 마찬가지이지만 첫 시작은 느낌을 구별하기 위함이었을 것으로 봅니다. 예를 들어 의성어나 의태어의 경우에 자음의 구별로 느낌이 달라지기도 합니다. '감감하다, 깜깜하다, 캄캄하다'가 대표적인 예입니다. 의미에는 큰 차이 없이 느낌만 달리했던 어휘들이 각각 의미가 구별되면서 된소리와 거센소리도 독립된 음운으로 발전되었을 겁니다. 거센소리는 키읔뿐 아니라 치읓, 티읕, 피읖 모두 어휘의 수가 많지 않습니다. 우리말 소리 중에서는 비교적 최근에 발달한 음이 아닐까 합니다.

어쩌면 그래서 받침에서는 제 소리를 내지 못하는 것일 수도 있습니다. 늦게 발달한 음은 사용에서도 제약이 나타나는 경우가 많습니다. 갑자기 제가 대학교 3학년 때 의욕적으로 썼던 '음소제약과 음운발달'이라는 논문이 생각납니다. 설익은 논문이었지만 제약이 많은 음운은 발달이 늦었을 것이라는 가정을 증명해 보려고 썼던 논문이었습니다. 키읔은 그때도 제게는 좋은 연구 소재였습니다.

티읕 이야기

티읕이라는 글자는 디귿의 가운데에 획을 더한 모양입니다. 니은에서 시작하였다는 점을 감안한다면 왜 디귿의 위에 선을 더하지 않았을까 하는 생각이 드는 모양이기도 합니다. 실제로 티읕을 쓸 때 디귿 위에 선을 더해 티읕으로 쓰는 경우도 있습니다. 티읕의 또 다른 모양이라고도 할 수 있습니다. 훈민정음 당시에는 없던 모양입니다. 언제 그런 글자를 만들어 쓰게 되었는지 궁금합니다.

티읕 소리를 들으면 제일 먼저 어떤 단어가 생각이 나는

가요? 저는 우선 '뛰다'가 생각이 났습니다. 티읕이 들어간 단어를 보면 딱딱한 것에 닿아서 올라가는 느낌을 주는 경우가 보입니다. 뛰다와 함께 연상되는 단어는 소리나 모양을 흉내 내는 말들입니다. 튕겨나가는 느낌입니다. '통통'은 자주 뛰다와 함께 쓰입니다. '통통 뛰다'라는 표현을 합니다. 총소리를 흉내 내거나 딱딱한 바닥을 뛰어다닐 때 나는 소리인 '탕탕'도 있습니다. 탕탕은 총소리이기도 하지만 도마 등을 세게 치는 소리이기도 합니다. '낙지 탕탕이'라는 음식 이름도 있습니다. 낙지를 '탕탕거리며' 잘게 자르는 소리를 이름으로 삼은 것으로 보입니다. '텅'이라는 말은 속이 비어서 나는 소리를 말하는데, 아무것도 없어서 소리가 울리는 느낌을 보여줍니다. 속이 비어있으면 튀어 오르기도 합니다. 그 밖에도 '탁탁'이나 '톡톡', '툭툭' 등도 모두 딱딱한 데 부딪치며 나는 소리인데 모두 티읕 소리를 담고 있습니다. 티읕의 느낌을 잘 보여주는 어휘들입니다.

티읕은 거센소리 중에서는 비교적 우리 눈에 덜 띄는 소리입니다. 그것은 우선 티읕이 구개음화 현상으로 'ㅣ' 모음 앞에서 치읓으로 변하기 때문일 겁니다. 예를 들어 '치다'라는 단어는 예전에는 '티다'였습니다. 구개음화에 의해서 '치'로 변한 겁니다. 그래서 티읕으로 시작하는 단어 중에는 고유어보다는 한자어나 외래어가 많습니다. 순 우리말 중에는 티읕으로 시작하는 말이 그렇게 많이 보이지는 않습니다. 티읕으로 시작하는 단어가 오히려 신기할 정도입니다. 구개음화라는 현상을 피해간 어휘이기 때문입니다. 주로는 구개음화가 끝난 후에 새로 생긴 어휘이거나 원래는 단어가 'ㅣ' 모음이 아니었던 경우가 많습니다. 외래어에 티로 시작하는 단어가 많은 것은 구개음화 현상이 지나간 후 최근에 들어온 어휘이기 때문입니다.

'타다'라는 단어는 여러 뜻으로 쓰이는데, 불에 타는 것은 역시 위로 올라가는 모습입니다. 불 그 자체가 아니라 불에 의해 무언가가 타서 올라가는 모습이 연상됩니다. '타오르다'라는 말이 자연스럽게 연결됩니다. 재도 타올라서 날아갑니다. 말에 타는 것도 불에 타다와는 의미가 전혀 다르지만 말 위에 올라타는 모습을 상상해 본다면 위로 올라가는 것을 의미한다고 할 수 있겠습니다. 여기에서도 '올라타다'라는 단어를 발견할 수 있습니다. 타는 것은 기본적으로 올라가는 것입니다.

티읕이 거센소리다보니 강한 느낌을 주는 것도 맞습니다. 단어들 중에 티읕으로 시작하는 물건을 보면 '톱'이 있습니다. 톱이 재미있는 것은 신체부위에도 톱이 있다는 겁니다. 손에도 발에도 톱이 있죠. 손톱과 발톱입니다. 인간에게는 발톱이 그리 위협적이지 않을 수 있으나 호랑이 같은 맹수를 보면 발톱은 강력한 무기입니다. 신체 부위 중에서 티읕으로 시작하는 단어로는 '턱'을 들 수 있습니다. 턱은 일반적으로는 강력한 느낌은 아니지만 얼굴에서 뾰족한 부분이라는 점과 턱이 움직여야 음식을 먹는다는 점에서는 강함을 보여준다고 할 수 있습니다. '털'도 몸 밖으로 나온다는 점에서 올라가는 느낌으로 다가옵니다. 털과 '털다'의 관련성도 생각해 볼 수 있습니다.

티읕으로 시작하는 고유어 단어가 많지 않아서 티읕의 느낌을 잡기가 쉽지 않았습니다. 하지만 달리 말하면 소수의 어휘에 나타난 느낌이 티읕을 잘 보여준다고도 할 수 있습니다. 부모님의 가장 큰 소망은 건강함입니다. 건강함을 우리말로 '튼튼하다'라고 합니다. 공부가 중요한 게 아니라 "튼튼하게 자라만 다오."라고 기원하던 부모님의 말씀이 생각납니다. 튼튼한 것은 건강에만 해당되는 말이 아닙니다. 건물의 경우에는 기초가 튼튼해야 합니다. 사람도 마찬가지죠. 어떤 일을 하든지 간에 몸도 '튼튼', 마음도 '튼튼', 기초도 '튼튼'입니다.

피읖 이야기

피읖은 글자 모양으로만 보면 가장 수수께끼 같은 글자입니다. 미음에서 획을 더한 글자에 비읍과 피읖이 있는데, 이 중에서 피읖은 정말 설명이 어렵습니다. 비읍은 미음에서 위로 뿔처럼 두 획을 올렸는데, 피읖은 왜 옆으로 두 획씩을 펼쳐 놓았을까요? 굳이 설명하자면 피읖은 '펴고, 퍼지고, 펼쳐진' 느낌이었기 때문일까요? 제가 한글 자모 중에서 가장 공부를 많이 한 자음이 바로 피읖입니다. 피읖과 비슷한 모양의 글자를 전 세계에 알려진 글자 중에서 찾아보았던 기억이 납니다. 피읖과 비슷한 글자를 찾는 것도 쉬운 일이 아닙니다. 한번 찾아보세요.

저에게 피읖은 왠지 푸른 느낌이 납니다. 피읖을 떠올리면 여러 단어가 떠오르는데, 명사 중에는 '풀'이 형용사 중에는 '푸르다'가 떠오릅니다. 그런데 재미있는 것은 '풀'과 '푸르다'의 어원이 같다는 사실입니다. 풀에서 푸르다라는 말이 나왔습니다. 푸르다는 근본적으로 '풀색'입니다. 우리 말에서 색에 해당하는 어휘를 보면 우리 선조가 색을 어떻게 바라보았는지 알 수 있습니다. '붉다'의 경우는 어원이 '불'입니다. 따라서 붉다는 '불색'입니다.

　'파랗다'도 피읖으로 시작합니다. 파랗다도 어원적으로 보면 풀과 관련이 있지 않을까 합니다. 청색과 녹색은 궁극적으로 풀색에서 시작하여 나뉜 것 같습니다. 한자에서도 청색(靑色)이 풀을 의미하는 경우가 많습니다. 청산(靑山)이 대표적입니다. 파란색의 대표는 하늘이나 바다로 보이지만 어쩌면 우리에게 가장 가까이 있었던 것은 '파'였을지 모릅니다. 파가 자라는 모습을 보면 정말 파랗게 올라옵니다. '파'도 풀입니다. 잔디나 새싹을 설명할 때 우리는 '파릇파릇'이라는 표현을 씁니다. 봄이 되면 나뭇가지에 잎이 파릇파릇 올라옵니다. 파릇파릇은 푸르다와 파랗다가 같은 어원일 수 있음을 보여줍니다.

　물속에 있는 '파래'도 풀입니다. 빛이 푸른 초록빛 바다의

풀이 파래입니다. 파래와 비슷한 '김'의 경우도 풀이라는 뜻입니다. 바다에서는 김이 풀이지만, 육지에서는 '김'이 잡초처럼 됩니다. '김매기'는 논밭에서 잡초를 뽑는 일을 말합니다. 김을 풀의 의미로 쓰고 있는 겁니다. 풀에 해당하는 다른 단어로는 꼴도 있습니다. 꼴을 벤다고도 표현합니다. 이렇게 풀에 해당하는 단어도 많습니다. 어원을 찾을 때는 다양한 표현에 관심을 두어야 합니다.

피읖 역시 거센소리이기 때문에 강렬한 느낌을 주는 경우도 있습니다. 의성어 중에서 '펑!'을 생각해 보면 피읖의 느낌을 알 수 있습니다. '펑'은 터질 때 나는 소리입니다. 한자어 중 '폭발'이라는 단어의 느낌을 생각해 보면 알 수 있을 것 같습니다. 한자어나 다른 말의 느낌을 참조해 보는 것도 음(音)의 느낌을 찾는 데 도움이 됩니다. 한편 어원적으로 보면 한자어인지 고유어인지 판단하기 어려운 말 중에도 피읖으로 시작하는 말이 있습니다. '팽팽하다, 팽이' 등이 그렇습니다. 줄이 긴장되어 있는 모습이나, 소리를 내며 힘차게 돌아가는 장난감의 이름에도 '팽'이라는 표현이 쓰이고 있습니다. 비슷한 표현으로는 '핑'도 있습니다. '팽'이나

'핑'은 의태어나 의성어처럼 보입니다.

'팽'에 해당하는 한자를 찾아보면 뜻이 주로 강한 소리나 모습을 나타내는 경우가 많습니다. '팽(嘭)'이라는 한자는 '팽팽 소리 날 팽'입니다. '팽(砰)'이라는 한자는 '물결소리 팽'입니다. '팽팽'이나 '팽이'가 한자어인지 고유어인지 판단하기 어려운 이유입니다. 의성어라는 관점에서 보면 고유어 같은데 비슷한 의미의 한자가 있다는 점에서는 한자어 같다는 생각이 들기 때문입니다. 우리말에는 이렇게 한자어와 고유어의 구분이 어려워진 어휘도 꽤 있습니다.

피읖은 글자모양이나 어휘의 느낌에서 수수께끼를 줍니다. 한자어에서도 '팽'의 느낌과 '평'의 느낌은 전혀 다릅니다. 팽이 강렬한 느낌이라면 평은 고른 느낌입니다. 피읖을 보면서 소리의 양면도 봅니다. 언제나 한 가지로 규정하려고 하는 생각 자체가 잘못일 수도 있다는 반성을 해 봅니다.

히읗 이야기

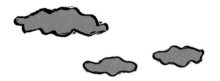

　　히읗의 글자를 보면 저는 웃음이 납니다. 히읗의 글자 모양이 왠지 입을 동그랗게 하고 웃는 모습처럼 보이기 때문입니다. 놀란 느낌도 줍니다. 문자메시지를 보낼 때 ㅎㅎ이라고 느낌을 나타내는 기호를 쓰면 웃는 얼굴이 그대로 연상이 되어 기분이 좋습니다. 물론 ㅎㅎ을 받아들이는 것은 사람에 따라 다릅니다. 저는 '하하'라고 생각하고 보냈는데 받는 사람은 '허허'나 '흐흐'로 받아들이기도 합니다. ㅎㅎ의 웃음소리는 모음과 만나면서 다양한 표정을 짓습니다. '허허'는 주로 나이가 있는 남자의 웃음입니다. '호호'는 주로 여자의 웃음입니다. '헤헤'는 주로 아이들의 웃음입니다. '흐흐'는 좀 음흉한 느낌이 들죠. '헤~'하고 한번만 소리를 내면 좀 모자라 보입니다. 조심해야 합니다. 히읗은 웃음소리의 표상이기도 합니다.

히읗은 원래 목구멍에서 나는 소리입니다. 히읗 음은 목구멍에서 나는 소리여서 그런지 숨소리가 많이 납니다. 숨을 들이마시고 내쉴 때 "후"하는 소리가 납니다. 한숨을 쉬면 "휴~"하며 긴 숨을 내쉬게 됩니다. 힘든 일이 있거나 숨이 찰 때는 "헉헉"이라고 표현합니다. 히읗은 숨소리를 표현하고 있습니다. 신체부위 중에서는 '혀'에 히읗이 들어갑니다. 숨이 차면 혀를 내밀게 되죠. 목구멍에서 나는 소리이기 때문에 입안에서는 걸리는 부분이 거의 없습니다. 폐에서 올라온 숨이 목구멍을 거쳐 입 밖으로 나갈 때 나는 소리라고 할 수 있습니다. 숨과 관련된 의성어가 히읗 음으로 나는 것은 그런 점에서 당연한 것일 수 있습니다.

그래서일까요? 히읗 음은 종종 소리가 나는지 안 나는지 구별도 잘 안될 때가 있습니다. 첫소리에서는 분명하게 소리가 나지만 중간에 들어가면 소리가 슬며시 사라지고 맙니다. 제가 전에 외국인 학생에게 '감사합니다.'를 가르쳤는데. 학생들은 왜 히읗 발음은 하지 않느냐고 저에게 질문을 하였습니다. 저는 분명히 발음했다고 생각하였기에 어리둥

절했습니다. 그런데 학생들의 의견은 모두 [감삼니다]로 들린다는 것이었습니다. 히읗이 사라진 겁니다. 이렇게 히읗은 있는 듯 없는 듯 애매한 음이기도 합니다. '결혼'이나 '전화'를 발음해 보면 히읗의 소리가 모호한 느낌이 날 겁니다. 중간에 들어간 히읗 음을 정확하게 발음하면 오히려 한국어처럼 들리지 않습니다. 이상한 한국어가 되고 맙니다. 한편 제주 방언에서는 결혼이나 전화의 발음이 좀 특이하게 나옵니다. 히읗 소리는 안 들리는데, 오히려 앞의 리을이나 니은이 겹쳐서 들립니다.

히읗 소리의 느낌을 물을 때는 주로 첫소리의 느낌을 말합니다. 히읗 음의 대표는 무엇일까요? 저는 '하늘'이 생각났습니다. 잡히지 않고 높이 있는 하늘의 모습이 히읗 음의 느낌으로 다가옵니다. 하늘이 반복되어 의태어가 된 '하늘하늘'의 느낌은 어떤가요? 히읗 음이 목구멍에서 나는 소리이기 때문에 숨소리 같고 그래서 가벼운 느낌도 있는 것 같습니다. 색깔에서는 '하얗다'가 있습니다. 역시 무겁지 않은 느낌입니다. 하얀 구름이나 눈송이의 느낌도 하늘을 떠다니는 느낌입니다. '하얗다, 희다'의 어원은 해와 관련이 있을 것으로 봅니다.

　히읗 음은 거룩한 느낌이 나는 측면도 있습니다. 우리말
뿐 아니라 다른 언어나 문화에도 신에 해당하는 말에 'h'음
이 들어가는 경우가 많습니다. 기독교 성경에 보면 '아브라
함'의 이름이나 아브라함의 부인 '사라'의 이름에는 h음이
들어갑니다. 그런데 흥미로운 것은 원래의 이름에는 h음이
없었다는 겁니다. 하나님의 부름을 받은 후에 '아브람'이
'아브라함'이 되고, '사래'가 '사라'가 된 것입니다. 히읗 음
은 왠지 신성한 느낌을 주는 듯합니다. 기독교의 신 '여호
와'도, 불교의 '부처님'도 영어로 하면 모두 히읗 음이 있습
니다. 우리말에서는 '하느님'이라는 말이 대표적입니다. '해
님'도 범접하기 어려운 존재이죠.

　히읗을 보면서 가벼우면서도 맑고, 있는 듯 없는 듯 우리
의 숨소리와 함께 있다는 생각을 합니다. 어쩌면 히읗은 하
늘의 소리이자 인간의 가장 원초적인 소리입니다. 그래서
거룩한 느낌도 주었을 겁니다. 우리와 가장 가까이 있는 소
리인 것입니다.

쌍기역 이야기

쌍기역은 이름에서도 논란이 있습니다. 기역을 겹쳐 놓은 것이기에 '쌍'이라는 말을 붙였겠지만 쌍(雙)은 한자어입니다. '우리말 자음의 이름을 만드는데 굳이 한자를 쓰는 게 좋을까'하는 의문이 듭니다. 북한에서는 '된기역'이라는 말을 씁니다. 된소리로 나니까 된기역인 셈입니다. 이름을 어떻게 하는 게 좋을지 남북의 지혜를 모아야 할 겁니다.

쌍기역은 기업 등에서 특강의 재료로도 많이 쓰입니다. 쌍기역으로 시작하는 어휘가 성공에 필요한 조건이라고 말하는 겁니다. '끼, 깡, 꾼, 꾀, 끈, 꿈, 꼴' 등의 어휘를 제시하고, 그에 맞게 의미를 부여합니다. 쌍기역이라는 조건에 맞추기 위해서 무리를 한 느낌도 듭니다만, 그 덕분에 쌍기역으로 시작하는 단어를 쉽게 기억하는 것 같습니다. 앞에 제시한 7개의 어휘가 성공의 조건으로 여겨지나요? 《성공한 사람들의 일곱 가지 습관》과 같은 책에서 영향을 받아서인지 7을 강조합니다만, 숫자는 큰 의미가 없는 것 같습니다. 오히려 지나치게 7가지 성공의 조건에 맞추기 위해서 억지로 어휘를 담은 느낌도 있습니다.

저에게도 성공을 위한 쌍기역을 고르라면 우선 '꿈'을 선택하고 싶습니다. 꿈꾸지 않으면 내 것이 되기 어렵습니다. 힘들수록 꿈을 꾸어야 합니다. '끼'는 타고 난 것처럼 말하지만 발전시키는 것이기도 합니다. 숫기가 없던 사람이 사람들 앞에서 활발하게 일하는 것도 자주 볼 수 있습니다. 끼는 원래 기운의 의미입니다. '기(氣)'를 강하게 발음한 것입니다. 없는 끼를 굳이 만들어내야 하는 것은 아니지만 본인이 바꾸고 싶다면 조금 더 한 발짝 앞으로 움직여 보기 바랍니다. 기를 모으면 끼가 됩니다.

'꾀'는 지혜를 의미합니다. 꾀를 부리는 것은 좋은 의미가 아니지만 꾀가 있는 것은 좋은 겁니다. 꾀를 부리는 것은 다른 이를 힘들게 하는 일이기도 합니다. 자기 일을 미루는 것이니까요. 반면에 꾀를 내는 것은 다른 사람을 편하게 하는 일입니다. 좋은 생각이 나에게만 머무르는 것이 아니라 모두에게 도움이 된다면 좋은 꾀입니다. 그러고 보니 꾀 중에서는 안 좋은 것도 많네요. 대표적으로 '꾀병'을 들 수 있습니다. '잔꾀'도 자기를 망가뜨리는 생각입니다. 좋은 생각인 줄 알았지만 알고 보면 자신을 해치는 일입니다.

그 밖에도 용기를 내라는 '깡', 좋은 모습을 만들라는 '꼴', 좋은 사람을 널리 만나라는 '끈' 등은 잘 정리해 보면 살아가는 데 도움이 될 겁니다. 종종 이렇게 숫자로 정해진 어휘의 틀에서 새로운 아이디어가 나오기도 합니다. 쌍기역이 아니라 기역도 니은도 다 가능할 겁니다. 같은 자음으로 시작하는 어휘를 골라보고, 세상을 살아가는 데 필요한 정의와 의미를 부여해 보세요.

한편 쌍기역 발음은 '꽉' 막혀있는 느낌입니다. 꽉 막혔다가 터지는 음인데, 이 발음이 없는 언어가 많습니다. 일본인이 제일 어려워하는 발음 중 하나가 바로 된소리입니다. 서양언어에서도 된소리의 발음은 쉽지 않습니다. 혀끝에 힘을 주어 막는 음이기에 강조의 느낌이 있습니다. '꼭'이라는 단어나 앞에서 언급한 '꽉'의 느낌을 생각해 보면 됩니다. 손을 꼭 쥐고, 꽉 잡은 느낌입니다. '깎아내고, 꺾고, 끌어낸' 느낌이 있습니다. '끝'이라는 말의 느낌은 어떤가요?

쌍기역, 된소리 기역은 막힌 느낌도 있지만, 막힌 것을 뚫는 느낌도 있습니다. 그래야 끼도 생기고, 꾀도 나오고, 꿈도 생기지 않을까요? 끝이 마지막인 것처럼 보이기도 하지만 끝은 새로운 시작이라는 것을 우리는 잘 알고 있습니다. 끝까지 꿈을 깨뜨리지 말고, 꼭 이루기 바랍니다.

쌍디귿 이야기

디귿을 겹쳐 쓰고 있는 쌍디귿은 다른 '쌍 계열'의 말과 마찬가지로 딱딱한 느낌을 줍니다. 디귿도 막혔다가 터지는 파열음인데 이를 더 닫았다가 터뜨리니까 강한 느낌이 더 생기는 것 같습니다. 의성어나 의태어를 보면 이런 느낌이 더 잘 나타납니다. 대표적으로 '딱'이 있겠네요. 무엇이 부딪히거나 부러질 때 나는 소리입니다. 조금 약하게 하면 '똑'이 됩니다. 약한 것은 모음에서 오는 느낌의 차이입니다.

재미있는 것은 '딱'과 '똑'이 합쳐져서 '똑딱'이 되기도 한다는 점입니다. 시계소리를 나타낼 때도 쓰이는 표현입니다. '딱'이 연속으로 나오면 연속적인 소리가 됩니다. 바로 '딱딱'입니다. 나무에서 딱딱거리는 새가 바로 '딱따구리'입니다. '딱딱'은 부사로 쓰여서 정확히 들어맞는 경우에 사용하기도 합니다. 그야말로 딱딱 들어맞는 거죠. 똑도 겹쳐 사용하면 '똑똑'이 됩니다. 문을 두드리는 소리로 사용합니다. 더 재미있는 것은 머리가 영리한 사람을 '똑똑하다'고 하는 겁니다. 어원적으로 어떻게 연결이 되는지는 더 조사해 봐야겠지만 관련이 있을 것으로 보입니다. 의견이 명확한 사람을 표현할 때 '똑 부러지다'고 하는데 똑똑한 느낌이 납니다. '똘똘하다, 똘망똘망하다'는 표현에도 쌍디근이 보입니다.

쌍디근 발음은 디근 발음을 강조할 때도 쓰입니다. 디근을 강하게 발음해서 강조하는 겁니다. 아마도 쌍디근이 후대에 발달했다면 디근을 강하게 발음하다가 독립적인 소리로 발달한 것으로 보입니다. 우리는 '두드리다'를 '뚜드리다'로 발음하고, 제방을 나타내는 '둑'을 '뚝'이라고 합니다. 마당의 '뜰'은 '들'에서 발달한 어휘로 봅니다. 집의 작은 들이라고 볼 수 있습니다. 디근이 쌍디근으로 변하는 모습을 보여주는 예라고 할 수 있습니다. 뜰은 다시 '뜨락'으로 변화하기도 합니다. 어쩌면 시간이 더 지나면 나중에 우리말

에서 두드리다와 뚜드리다, 둑과 뚝의 의미가 나뉘어 구별
될 수도 있습니다.

쌍디귿은 의외로 우리말의 근간을 이루는 기초 어휘에도
많이 보입니다. 쌍디귿 발음이 후대에 발달했을 것으로 보
는 게 일반적인데 그런 점에서 볼 때 신체나 자연, 친족 명
칭 등에 된소리가 쓰이는 것은 흥미로운 일입니다. 신체와
관련된 말 중에서는 배설물 관련 어휘에 쌍디귿이 보이네
요. '땀, 똥, 때'가 바로 여기에 해당합니다. 좀 더러운 느낌
도 듭니다. 자연 중에서는 우리가 살고 있는 '땅, 뜰'이 있
고, 친족 중에는 '딸'이 있습니다. 음식 중에는 '떡'이 여기에
해당합니다. 모두 중요한 어휘입니다.

저는 기초어휘에 나오는 쌍디귿 어휘를 보면서 후대에 발
달한 발음일지는 모르나 없어서는 안 되는 중요한 어휘라
는 생각이 듭니다. 하늘과 조화를 이루고 있는 땅의 중요성
을 생각해 볼 수 있습니다. 아들과 조화를 이루는 딸의 중
요성은 새삼 언급할 필요도 없을 겁니다. 배설물인 '똥'도
꺼리는 어휘이기는 하지만, 삶에서는 매우 중요한 어휘입
니다. 물론 '땀'도 빼 놓을 수가 없겠지요. 노동으로 흘리는
땀, 노력으로 이루는 땀은 더 나은 삶을 위한 필수조건일
겁니다.

한편 떡은 우리나라 사람에게 가장 중요한 음식이라고 할 수 있습니다. 중요한 날에는 떡을 먹습니다. 일생을 살면서 중요한 날인 백일, 돌, 생일에는 떡을 해서 먹습니다. 설날에는 떡국을 먹습니다. 떡국은 국이기도 하지만 떡이기도 합니다. 추석의 대표 음식은 송편입니다. 역시 떡이라고 할 수 있습니다. 동지에는 팥죽을 먹지만 그 속에는 새알심이라는 떡이 들어갑니다. 새알심이 없는 팥죽은 상상하기 어렵습니다. 제가 가장 흥미롭게 생각하는 것은 이사를 온 사람이 이웃에게 돌리는 떡입니다. 떡은 이웃에게 건네는 우리의 인사이기도 합니다. 쌍디귿이 우리 삶에 들어와 있는 모습을 어휘 속에서 느껴봅니다.

쌍비읍 이야기

쌍비읍은 '삐읍'이라고 이름을 붙이는 게 맞겠다는 생각이 들었습니다. 사실 비읍과 피읖이 다른 음이듯이 비읍과 쌍비읍은 관계가 없는 음입니다. 서로 다른 음이지요. 비읍을 두 개 겹쳐서 발음한 음이 아니라는 의미입니다. 따라서 우리말의 자음은 기역부터 히읗까지 14개와 된소리 5개, 합쳐서 19개가 됩니다. 그런 의미에서 본다면 '끼역, 띠귿, 삐읍, 씨읏. 찌읒'이라고 이름을 만들어도 될 것 같습니다. '쌍(雙)'이라는 한자도 피할 수 있는 방법입니다.

우리말의 된소리는 후대에 발달한 것으로 알려져 있습니다. '뿌리'도 원래는 '불휘'였습니다. 용비어천가에 나오는 "불휘 기픈 나무"라는 표현에 보이는 어휘입니다. 하지만 모든 비읍 어휘가 된소리가 되는 것이 아니라는 점에서 된소리가 된 어휘에 대해서는 관심이 필요합니다. 어떤 느낌 때문에 된소리가 되었을까를 생각해 보는 겁니다. 뿌리라는 말에서는 강인함이 느껴지지 않나요? 뿌리는 땅에 박혀 나무를 지탱하고 있는 바탕입니다.

    쌍비읍이 강함을 나타낸다는 것은 몸에 관련된 어휘를 봐도 알 수 있습니다. 대표적인 어휘가 '뼈'입니다. 어쩌면 신체 중에서 두개골 부분을 제외하고는 뼈가 가장 단단한 부분입니다. 두개골도 뼈라고 할 수 있으니 우리 몸에서 뼈는 정말 강한 부분입니다. 동물의 '뿔'은 뼈가 변한 부분입니다. 뿔이 주된 공격 수단이기도 하니 강하다고 할 수 있습니다. 화가 나는 것을 '뿔이 나다'라고 표현하는 것도 뿔의 공격성을 보여주는 것이라고 할 수 있습니다.

    뼈와 관련이 있는 동사로는 '삐다'를 들 수 있습니다. 발목의 뼈가 잘못하다가 삐는 경우가 있습니다. 무척 아프죠. 삐는 원인으로는 발을 '삐끗해서'인 경우가 많습니다. '뼈, 삐다, 삐끗하다'에 모두 쌍비읍이 들어있습니다. 우연이라기에는 놀라운 공통성이라고 할 수 있습니다. 우리 몸에 있는 뼈가 밖으로 드러나 있는 것으로는 이빨이 있습니다. 이빨도 뼈죠. 이빨은 뒤의 소리에 쌍비읍 '빨'이 들어있습니다. 이빨에만 해당하는 동사는 아닙니다만, '이를 빼다', '이를 뽑다'와 같은 표현에도 쌍비읍이 보입니다. 송곳니 같은 '뾰족한 이빨'도 있습니다.

소리를 나타내는 말에도 쌍비읍이 보입니다. 주로 막혀 있다가 터지는 소리입니다. 방귀소리가 대표적이죠. 방귀의 '뿡' 소리는 막혀 있다가 터지는 음입니다. 슬며시 새어 나오는 경우에는 '뿡'이라고 하지 않습니다. 굳이 소리로 표현하자면 '피식'이라고나 할까요? 깜짝 놀라게 터지는 소리로는 '빵'이 있습니다. 타이어나 풍선 등이 "빵!" 소리를 내며 터집니다. 자동차 경적을 울릴 때도 "빵빵!"이라고 합니다. 재미있는 것은 예상치 못한 일로 갑자기 웃음이 나서 참지 못할 때도 '빵 터지다'는 표현을 한다는 겁니다.

쌍비읍이 들어가는 의성어 중에서 가장 반가운 소리는 '뽀뽀'입니다. 뽀뽀는 서양식 키스와는 다릅니다. 입술로 소리를 내는 입맞춤입니다. 즉, 뽀뽀는 행동보다는 소리인 겁

니다. 아이들에게 인기가 높았던 텔레비전 프로그램 이름
이 '뽀뽀뽀'입니다. 왠지 뽀뽀에는 아이의 이미지도 있습니
다. 아이가 엄마, 아빠에게 인사처럼 하는 입맞춤인데 주로
볼에 뽀뽀를 합니다. 아이들은 입에도 뽀뽀를 하지만 주로
볼에 합니다.

　　쌍비읍은 강한 음이기는 하지만 의외로 즐거움을 주기도
합니다. 아가들의 뽀뽀는 정말 귀엽습니다. 세상에서 가장
행복한 순간이 아이와 뽀뽀할 때가 아닐까요? 아이들의 이
야기나 행동에 빵 터졌던 순간도 기억이 납니다. 재미있고,
행복했던 순간입니다. 자녀들이 다 커 버린 저에게는 옛 추
억입니다. 갑자기 그리움이 밀려듭니다.

쌍시옷 이야기

쌍시옷이라고 하면 일단 이미지가 좋지 않습니다. 쌍시옷 발음을 했다고 하면 욕을 했다는 의미로 받아들여지기도 합니다. 쌍소리의 느낌이 고스란히 담겨있습니다. 아무래도 '씨X'과 같은 표현이 생각이 나기 때문일 겁니다. 방송에서는 들을 수 없는 소리인 경우가 많습니다. 삐 소리로처리되거나 아예 소리를 없애 버립니다. 된소리는 거친 느낌을 준다는 학설에도 맞는 예처럼 보입니다. 쌍시옷이라는 말에도 쌍시옷이 담겨있네요. 물론 한자 쌍(雙)이기는합니다만. 쌍은 좋은 말이지요. 함께하는 것이니 말입니다. 짝이 되는 겁니다. 쌍시옷은 사람 둘이 함께 있는 모습이어서 보기가 좋습니다. 짝이라는 말에도 쌍지읒이 있네요. 같은 모습으로 함께하는 글자입니다.

원래는 '상소리'라는 말인데 사람들은 '쌍소리'라고 발음합니다. 그래야 좀 시원한 느낌인가 봅니다. '상놈'도 '쌍놈'이라고 발음하여 감정을 싣습니다. 상놈의 '상'은 한자 '常'이니 쌍과는 관련이 없습니다. '상것'도 마찬가지로 '쌍것'이라고 말하는 경우가 많습니다. '상스럽다'와 '쌍스럽다'의 차이도 생각해 보면 알 수 있을 겁니다. 비슷한 의미지만 느낌은 많이 다릅니다. 아무래도 '쌍'이라고 하면 더 낮은 취급을 하는 느낌이 듭니다.

시옷발음과 쌍시옷 발음을 구별해 보면 된소리의 느낌을 찾을 수 있습니다. 시옷은 기역이나 디귿, 비읍, 지읒과는 달리 거센소리의 짝이 없습니다. 즉 키읔, 티읕, 피읖, 치읓 같은 게 없다는 말입니다. 그래서인지 쌍시옷에 거친 느낌을 모두 담은 듯합니다. 시옷은 스쳐 지나가는 느낌이어서 그리 강렬함이 없습니다만, 쌍시옷은 멈추었다가 터지는 느낌이어서 뭔가를 담아놓은 느낌이 있습니다. 모아놓았다가 터트리는 것이기에 감정이 실립니다. 자연스러운 흐름이 아니라 감정을 막아놓는 것이니 강렬할 수밖에 없을 겁니다. 시옷으로 시작하는 어휘와 쌍시옷으로 시작하는 말

의 느낌을 비교해 보세요. '세다[強]'라는 말에서 센 느낌이
나나요? 왠지 '쎄다'라고 발음해야 할 것 같지 않나요?

시옷이나 쌍시옷으로 시작하는 말 중에서 느낌을 나타내
는 표현들을 더 살펴볼까요? 촉감을 생각해 보겠습니다.
'솔솔' 부는 바람이나 '시원한' 느낌과 달리 '쌀쌀'은 확실히
더 추운 느낌이 납니다. 쓸쓸함이라는 표현에서는 외로움
이 묻어납니다. 바람이 '쌩쌩' 붑니다. 빨리 달려가는 경우
에도 '쌩'이라고 표현합니다. 센 소리가 들리는 듯합니다.
'씩씩'이 소리를 나타낼 때는 숨을 크게 내는 소리입니다.
씩씩거린다고도 표현하죠. 물론 '씩씩하다'고 할 때는 숨소
리가 아니라 용감하고 다부진 모습을 나타냅니다. 어쩌면
용감한 모습을 나타낼 때, 숨소리가 "씩씩" 났을 수도 있겠
습니다.

하지만 된시옷 발음이 꼭 강하거나 나쁜 것을 의미하는
것은 아닙니다. 제 머릿속에 떠오르는 쌍시옷으로 시작하
는 어휘는 오히려 근본적이고 원초적인 느낌이 있습니다.
대표적인 어휘가 '씨'입니다. 세상의 시작을 보여줍니다. 씨
가 자라나면 '싹'이 됩니다. 싹이 중요하다는 것은 될성부른

나무는 떡잎, 즉 싹부터 알아본다는 말에서도 알 수 있습니다. 우리는 싹 대신에 '싹수'라는 말도 씁니다. 나무에게도 사람에게도 싹수가 노랗다는 말은 치명적입니다. 잘 자랄 가능성이 없다는 의미이기 때문입니다. 사실 위에서 욕으로 쓰이는 쌍시옷 말도 우리 인간의 원초적인 모습을 나타내는 것이기도 합니다.

쌍시옷으로 시작하는 어휘가 생각보다는 많지 않습니다. '쌀, 쑥, 쌓다, 썩다, 쏘다, 씻다, 싸다, 쑤시다, 쓰다' 등의 어휘를 보면서 어떤 느낌이 드나요? 공통점이 느껴지는가요? 강한 느낌입니까? 인간의 원초적이 느낌입니까? 쌍시옷 자체는 부정적인 느낌이 아닌데, 시옷으로 시작하는 어휘를 쌍시옷으로 발음할 때 부정적이 되는 것 같습니다. 갑자기 쌍시옷 발음을 못하는 지역의 사람들이 생각납니다. 쌍시옷 발음을 안 하면 부정적인 감정이 덜 실릴까요? 궁금하네요.

쌍지읒 이야기

쌍지읒으로 시작하는 말 중에서 가장 기분 좋은 단어를 고르라면 저는 '짝'을 이야기합니다. 함께하는 느낌이 좋습니다. 자신의 배우자를 소개할 때 "제 짝입니다."라고 표현하는 말도 좋습니다. 짝을 찾아야 한다는 말도 좋은 말입니다. 짝을 '짝꿍'이라고도 표현합니다. 짝꿍이라고 하면 주로 초등학교 때 같이 앉아있던 아이가 생각납니다. 새 학기가 되면 누구하고 짝이 될까가 궁금했습니다. 반에 따라서는 남자아이와 여자아이를 짝으로 하는 경우도 있었습니다. 싫어하는 아이와 짝이 되었다고 새 학기 첫날부터 울던 아이도 생각이 나네요. 짝과 잘 지내게 되면 단짝이 됩니다. 단짝 친구가 생기면 한 해가 즐겁습니다.

짝이라는 말이 재미있는 것은 소리를 나타내는 말과 관

런이 있어서입니다. 손뼉을 치면 "짝!" 소리가 납니다. '짝짝'은 박수소리를 표현합니다. 그런데 손뼉은 한 손으로는 불가능합니다. 당연히 손뼉은 마주쳐야 소리가 나는 겁니다. 짝이 있어야 합니다. 아마도 '짝짝'이라는 말에서 짝이라는 어휘가 나오지 않았을까 합니다. 혼자서는 할 수 없습니다. 함께 있어야 소리를 낼 수 있습니다. 짝이 보여주는 세상입니다. 홀짝이라는 아이들의 놀이도 생각납니다. '홀'은 외롭습니다.

소리를 나타내는 말 중에는 '쪽'이 있습니다. 주로 입맞춤을 할 때 나는 소리입니다. 기분 좋은 입맞춤 소리네요. 입을 볼에 맞추는 경우도 있습니다. 일부러 소리를 크게 내기도 합니다. 기분이 아주 좋다는 의미입니다. 한편 '쪽쪽' 빨아먹는다는 표현도 하는데, 같은 '쪽'이라도 사용하는 환경에 따라 이렇게 느낌이 달라집니다. 기분 좋은 소리를 내면서 살기 바랍니다. 내 속에서 나오는 소리라도 다른 이에게 피해가 되지 않기 바랍니다.

쪽은 방향을 나타내기도 합니다. 오른쪽, 왼쪽, 위쪽, 아래쪽 모두 방향입니다. 이쪽, 저쪽도 마찬가지입니다. 쪽은

'조각'과도 의미가 상통합니다. "콩 한 쪽도 나누어 먹어라"라고 할 때는 조각을 의미합니다. 방향을 나타내는 쪽과 조각을 나타내는 쪽을 비교해 보면 공통적으로 '부분'이라는 의미가 나타납니다. '이쪽'은 이 부분이라는 의미가 되고 콩 한 쪽도 콩의 한 부분이 됩니다. 서로 관계가 적어 보이는 것도 자세히 들여다보면 연관성이 보입니다. 사람도 그럴 겁니다. 우리는 모두 연결되어 있으니까요.

쌍지읒 발음도 후대에 발달한 음으로 보고 있습니다. 지금도 된소리는 단순히 감정을 강조하기 위해서 쓰이는 경우가 많습니다. 처음에는 강조를 위해서 쓰였다가 점점 독립적인 단어로 굳어졌을 겁니다. 예를 들어 집게를 [찝게]라고 발음하는 사람이 많습니다. 아무래도 집게보다는 [찝게]가 더 꽉 쥐는 느낌이어서 그렇지 않을까요? 물론 지금은 집게와 [찝게]에 의미 차이는 나타나지 않습니다. 조각조각도 [쪼각쪼각]이라고 발음하기도 합니다. '쪼가리'라는 말은 아예 '쪼'로만 나타납니다. 자장면을 짜장면이라고 하는 사람이 많아지고, 지금은 두 단어가 복수의 표준어가 된 것처럼 앞으로는 [찝게]도 새로운 단어가 될지도 모르겠습니다. 의미는 아마 '강한 집게'일 듯합니다.

쌍지읒으로 시작하는 단어가 많지는 않습니다만, 가만히 살펴보면 느낌의 공통점은 있는 것 같습니다. 생각나는 대로 몇 개의 어휘를 보이겠습니다. '찌다, 찧다, 찜, 쫓다, 찌르다'의 경우에 어떤 느낌이 나는가요? 점점 쌍지읒 발음의 어휘가 늘고 있는 추세로도 보입니다. 요즘의 유행어인 '짱'이라는 말도 '장(長)'에서 출발한 것입니다. 원래는 우두머리를 의미하는 말인데, 가장 좋다는 의미로 바뀐 것입니다. 장을 강조하니 '짱'이 된 거라 할 수 있습니다. 짱이라는 어휘는 장에서 나왔지만 장과는 다른 새로운 어휘가 된 것입니다. 의미의 분화가 이루어졌습니다.

어휘의 발음은 고정적이지 않습니다. 시대에 따라, 지역에 따라, 때로는 사람에 따라서도 달라집니다. 발음이 조금씩 변화하면서 감정이 실리고, 의미를 바꿉니다. 그렇게 바뀐 발음은 새로운 어휘로까지 발달하는 데 도움을 주기도 합니다. 저는 우리의 문자 한글을 보면서 발음을 생각해 보고, 발음을 생각하면서 의미를 만납니다. 그리고 문자와 발음, 의미에 담긴 우리의 생각을 보게 됩니다.

아 이야기

한글 모음을 사전에서 찾는다면 '아, 야, 어, 여, 오, 요, 우, 유, 으, 이'의 순서입니다. '아'는 첫 시작의 글자입니다. 한글만 그런 게 아닙니다. 알파벳도 아에서 시작합니다. 일본 가나의 경우도 '아, 이, 우, 에, 오'로 아에서 시작합니다. 뒤에 오는 모음은 다르지만 아로 시작한다는 점은 같습니다. 특이하고 흥미로운 일입니다. 물론 한글에서는 예전에 아 앞에 '점'으로 표시되는 아래아가 있었습니다. 'ㅣ'에서 시작하여 'ㆍ'를 더한 글자가 'ㅏ'인 셈입니다. 반대로 아래 아에서 시작하여 이를 더한 글자는 어입니다. 아와 어는 아래아의 위치만 달라진 음입니다. 서로 관계가 있는 글자입니다. '아 다르고 어 다르다'는 말은 소리가 다르다는 의미이지만 달리 보면 서로 관계가 있음을 보여주는 표현이라고도 할 수 있습니다.

　ㅏ와 ㅓ는 훈민정음 창제를 할 때 분명히 두 개의 글자가 합쳐진 것이기는 하지만 소리는 아래아와 관계가 없습니다. 별개의 소리입니다. 아래아와 이의 소리가 합쳐져서 아 나 어가 된 것이 아니라는 말입니다. 아와 어는 각각 홀소리로 나는 음입니다. 모음 글자를 보면서도 창제 원리에 수수께끼가 많이 숨어 있음을 알게 됩니다. 도대체 이해가 잘 안됩니다. 지금 설명하고 있는 ㅏ와 ㅓ, ㅗ와 ㅜ 등을 초출자(初出字)라고 합니다. 기본자인 아래아 으, 이에서 처음 만들어진 글자라는 의미입니다. 즉 소리를 합친 것은 아닙니다. 단순히 글자를 그렇게 만든 것입니다.

　재출자(再出字)의 경우는 좀 더 복잡합니다. 'ㅑ, ㅕ, ㅛ, ㅠ'의 경우는 초출자에 '이' 모음의 소리가 더해졌습니다. 즉, 야는 '이아'를 빠르게 발음한 소리입니다. 당연히 글자를 만들 때 이 모음을 덧붙였어야 할 것 같은데, 아래아를 하나 더 붙였습니다. 아래아는 소리를 붙이는 게 아니라 소리가 달라졌음을 보여주는 기호 정도의 역할을 하는 게 아닐까 생각합니다. 그래서 아래아의 실제 음가에 대해서 의심하는 학자들도 있습니다. 실제로 아래아는 오래 가지 않아서 혼동이 되고, 음이 사라지고 맙니다. 글자는 비교적 최근인 1933년에 사라지지만 발음은 훨씬 이전에 사라집니다.

아래아가 없어진 지금, 아는 모음의 시작입니다. 언어 세상의 시작이라고 할 수도 있겠네요. 아는 우리말에서 밝은 음입니다. 다행입니다. 밝은 음에서 글자가 시작되었으니 밝은 마음으로 글자를 배울 수 있겠네요. 기본자에서도 'ㆍ(아래아)'가 시작인데, 하늘을 뜻하는 밝은 모음입니다. 시작이 밝은 것이죠. 양의 모음입니다. 다음 기본자는 'ㅡ'입니다. 땅을 상징하는 어두운 모음, 음의 모음입니다. 다음에 나오는 'ㅣ'는 사람을 상징하는 것으로 하늘과 땅을 잇는 중간에 해당합니다. 글자의 느낌을 양과 음, 중간으로 나누고 천지인을 상징으로 사용한 것은 탁월한 해석입니다. 언어에는 세상의 철학이 있고, 그 언어를 사용하는 사람의 삶이 있음을 간파한 것입니다.

'ㅏ'가 밝은 음이라는 것은 글자가 잘 보여줍니다. 'ㅏ'라는 글자의 모양을 보면 사람의 동쪽에 하늘, 즉 양의 기운이 있는 것입니다. 양의 대표는 무엇일까요? 우리는 가장 큰 양의 기운을 '태양'이라고 합니다. 그렇다면 사람의 동쪽에 양의 기운이 있다는 말은 태양이 떠오르고 있음을 상징하는 것이라고 볼 수 있습니다. 훈민정음에는 모음의 창제에 대해서 자세히 설명하고 있지는 않습니다. 아마도 'ㅏ'라는 글자를 보면 누구나 알 수 있을 것이라고 생각하였던 듯합니다. 음양의 원리를 모음 글자에 담았다고 하면 글자의 운용 원리를 아는 것을 식은 죽 먹기처럼 생각하였을 수 있습니다.

아는 바깥을 향하는 소리입니다. 글자 모양이 그렇습니다. 한자의 '바깥 외(外)' 자를 보면 저녁에 점을 치는 모습을 그리고 있습니다. '저녁 석(夕)'에 '점 복(卜)' 자를 합한 글자입니다. 저녁에 점을 치려면 별을 봐야 하기 때문에 밖으로 나가는 겁니다. 우연의 일치기는 하지만 '아'와 '복(卜)'의 모습이 닮아있습니다. 글자를 만들 때 참고를 했을 수도 있겠습니다. '앞'이라는 단어에도 '아'가 들어가 있습니다. '가다'라는 말도 아로 시작합니다. '나가다'도 아에서 시작하는 말입니다. 아에서 앞으로 나가는 긍정의 모습을 봅니다.

아는 밝고 밖을 향한 음입니다. '아'가 감탄사로 쓰일 때는 밝은 놀라움을 나타냅니다. '어'나 '우'와는 다릅니다. '밝다'라는 단어가 아로 시작하는 것은 우연이 아닐 겁니다. '아'가 들어가는 단어를 생각해 봅니다. 우선 '나'라는 단어가 있네요. '하늘'도 아로 시작하는데, 밝음의 대표라고 할 수 있습니다. 감정 중에서는 '사랑'이라는 단어가 있습니다. 때론 힘든 순간도 있지만 가장 밝고 아름다운 감정이죠. 만물 중에서는 '사람', 하루 중에서는 '아침', 계절 중에서는 '가을'이 있습니다. 흘러가는 '바람'도 아의 느낌을 보여줍니다.

'아'로 시작하는 단어를 보면서 '아'가 보여주는 세상도 다시 생각해 봅니다. 아침을 맞으며, 밝게 밖으로 한 걸음 내딛어 보면 어떨까요? 앞으로 나가는 긍정적인 생각을 하는 하루하루가 되기 바랍니다.

어 이야기

한글 모음 글자는 밝음과 어두움을 나타냅니다. 그중에서도 'ㅓ'는 어두움을 나타내는 글자의 대표라고 할 수 있습니다. '어둡다'라는 단어가 어로 시작함도 우연은 아닐 겁니다. 세종께서 훈민정음을 만드실 때도 글자에 느낌을 담으려고 노력한 것 같습니다. 글자에 느낌을 담는다는 생각이 놀랍습니다. 그렇기 때문에 한글의 우수성이 더 빛나는 것 같습니다.

어라는 글자는 아와 짝을 이룹니다. 따라서 많은 점에서 아와 대조적입니다. 사람의 동쪽에 하늘이 있는 모습, 즉 이의 동쪽에 아래아가 있는 모습이 'ㅏ'라면, 사람의 서쪽에 하늘이 있는 모습이 'ㅓ'입니다. 하늘이 서쪽에 있다는 말은 해가 지고 있음을 나타냅니다. 당연히 어두운 느낌의 글자입니다. 하루의 시간을 생각해 보면 '저녁'입니다. 아침과는 대조적으로 저녁에는 '어'의 모음이 들어가 있습니다. 나와 너, 아버지와 어머니는 모두 아와 어의 대립을 보여줍니다. 대립이라고 썼지만 실제로는 조화라고 부르는 것이 맞을 듯합니다. 나와 너, 아버지와 어머니, 아침과 저녁은 모두 서로가 필요한 관계이기 때문입니다.

어를 감탄사로 사용할 때도 아와는 느낌이 다릅니다. '어!'라고 하면 약간은 어리둥절하고 놀라며 궁금해하는 느낌이 있습니다. 반면 '아!'는 무엇을 깨닫는 느낌도 있습니다. 어와 아는 이렇게 서로 보완하는 느낌을 줍니다. 웃음 소리와 같은 의성어도 아와 어의 구별이 명확합니다. 하하와 허허, 깔깔과 껄껄의 느낌이 다릅니다. 모양을 나타내는 말도 마찬가지입니다. 반짝과 번쩍의 느낌이 다릅니다. 어가 조금은 무겁고 깊은 느낌을 줍니다. 무겁기 때문에 조금은 가라앉아 있는 느낌이기도 합니다.

아의 글자 모양이 밖으로 나가는 느낌이라면 어는 안으로 들어가는 느낌을 줍니다. '넣다'와 '낳다'의 느낌은 어떤가요? 무언가를 안에 '넣고', 아이는 밖으로 '낳는' 것이지요. 시간적으로도 '아침'은 나가는 시간이고, '저녁'은 들어오는 시간입니다. 물론 사람마다 차이는 있겠지만 대체로는 그렇습니다. 남녀를 구별하는 관점이라고 이야기할지는 모르나 '아버지'와 '어머니'도 나가고 들어오는 느낌을 담고 있지 않을까 하는 궁금증이 생겼습니다. 또한 아에서 움직임이 강하게 느껴진다면 어에서는 멈춤이 느껴집니다. 우선 '멈추다'에도 어가 포함되어 있네요. '머무르다'라는 말에도 어가 담겨 있습니다. 움직임과 멈춤을 나타내는 대표적인 단어는 '가다'와 '서다'입니다.

어는 아와 달라서 약간은 부정적인 느낌을 주기도 합니다. '아 다르고 어 다르다'고 할 때 아가 좋은 느낌을, 어가 좋지 않은 느낌을 나타낸다고 생각했기 때문입니다. 하지만 저는 '어'는 나쁜 음이 아니라 '아'와는 좀 다른 음이라고 생각합니다. 아 라고 표현해야 할 것을 어라고 표현해서 기분이 상할 수도 있다는 의미가 됩니다. 그런데 다른 단어를 찾아보면 아와 어는 서로 조화를 이루는 경우가 많습니다. 느낌이 다르기 때문에 적절한 장면에서 아와 어를 구별해서 써야합니다. 어를 써야 할 때도 굳이 아를 쓰는 것도 어색한 일입니다. '어'에는 어의 세계와 감정이 있습니다.

　물론 모든 단어가 소리와 느낌이 일치하는 것은 아닙니다. 어쩌면 처음에는 소리의 느낌에 맞는 어휘가 만들어졌을지 모르지만, 시간이 지나고 수많은 단어가 생기면서 이런 원칙은 지켜지기 어려웠을 겁니다. 저는 언어를 공부하면서 단어의 소리와 의미간의 연관성을 생각해 봅니다. 이 단어에는 어떤 느낌을 담았을까 생각해 보면 수수께끼가 한가득이고 마치 보물찾기 같다는 생각을 하게 됩니다.

오 이야기

'오'는 입술이 모아지는 음입니다. 입술이 앞으로 밀려나오는 모습입니다. 입술을 동그랗게 하는 음이어서 원순모음(圓脣母音)이라고 합니다. 밝은 모음이어서 감탄사로 표현하면 기분이 좋거나 칭찬의 느낌을 줍니다. '오!'의 느낌을 떠올려보면 됩니다. '우' 역시 입술이 앞으로 나오는 음이지만 무거운 느낌을 줍니다. 그래서 감탄사로 '우!'를 표현하면 주로 불만이나 야유를 나타냅니다. 주로 저음(低音)으로 표현합니다. 무겁게 발음하는 겁니다.

'오'의 글자를 보면 오가 보여주는 느낌을 글자에 그대로 담고 있다는 생각이 듭니다. 우선 글자는 땅을 나타내는 'ㅡ'에 아래아를 더한 글자입니다. 즉, 땅 위에 하늘이 있는 것으로 해가 뜨는 모습을 보여줍니다. 그런데 '아'와의 차이는 오의 경우에는 해가 위로 뜬다는 점입니다. 아는 동쪽에서 뜨는 것인데 말입니다. 태양이 위로 뜬다는 점에서 입을 모으고 위로 벌리는 느낌을 생각해 볼 수 있습니다. 같은 양성 모음이라도 글자에 느낌을 담아 구별하고 있는 겁니다. 아와 오를 설명할 때 이렇게 글자의 느낌도 설명하면 좋겠습니다.

오는 해가 뜨는 모양을 글자에 표현한 점에서도 알 수 있듯이 따뜻한 느낌도 있습니다. 계절 중에서 '봄'에 오가 들어가는 것은 우연이 아닐 겁니다. 같은 입김이라도 '호'와 '후'의 느낌이 다릅니다. "호~"라고 하면 따뜻한 온기가 느껴집니다. 따뜻한 입김입니다. 아가의 상처에 엄마가 불어 주는 바람, 얼어붙은 아이 손에 부는 입김이기에 온기와 사랑이 있습니다. 이렇게 바람을 부는 것을 '호호'라고도 합니다. '호호'는 엄마의 웃음소리를 표현하기도 하는데 참 재미있습니다. 아가의 상처를 어루만지고, 병이 다 나았을 때 기뻐하는 엄마의 웃음소리가 떠오릅니다. 호호는 행복한 기억이고, 호호는 행복한 마음입니다.

해가 뜨는 것이니 당연히 위로 올라가는 느낌이 있습니

다. 그리고 보니 첫음절에 '오'가 들어가는 순우리말 단어 중에는 상승의 이미지를 보여주는 어휘가 많습니다. '오르다, 솟다, 돋다' 등의 어휘가 전부 오를 포함하고 있습니다. 올라가고, 솟아오르고, 돋아납니다. 오가 들어감으로써 움직이는 방향을 명확히 하는 느낌입니다. 모음 글자를 볼 때 점의 위치와 방향을 생각해 보면 재미있는 아이디어가 많이 나올 겁니다.

오는 원순모음이어서 원의 이미지를 갖고 있습니다. 오라고 발음을 하면 왠지 눈도 동그랗게 뜨게 됩니다. 약간은 놀라는 느낌을 줍니다. 눈도 동그랗게 뜨고, 입도 동그랗게 벌리고 있으니 놀란 모습이기는 한데, 재미있는 느낌입니다. 알파벳에서도 'O'는 동그라미로 표현합니다. 입을 동그랗게 하고 내는 소리이기에 동그라미로 표현했을 것입니다. 우리말에서는 동그라미를 목구멍의 모양으로 표현했습니다. 이응(ㅇ)이라는 글자입니다. 텅 비어있는 느낌을 표현한 겁니다. 같은 동그라미지만 서로 다른 관점에서 글자를 만들었습니다.

우리말에서도 '오'는 입모양에서부터 동그란 느낌을 담고 있습니다. 글자가 아니라 소리가 그렇다는 말입니다. '동그랗다'는 단어에 오가 들어있는 것도 재미있습니다. '동그랗다'고 발음을 하려면 입을 동그랗게 해야 하는 겁니다. '돌다'는 단어에도 오가 들어갑니다. 원을 만들며 움직이는 행위입니다. 김밥을 '돌돌' 마는 것에도 오가 들어가네요.

오의 글자는 태양이 떠오르는 밝고 따뜻한 이미지를 담고 있습니다. 상승의 이미지도 표현합니다. 오의 소리는 동그란 입을 통해서 나오기에 원의 이미지가 있습니다. 오의 글자와 소리의 미묘한 조화에 감탄하게 됩니다. 한글 모음 글자의 매력이 여기에 있습니다.

우 이야기

　'우'라는 소리를 들으면 야유하는 소리로 들립니다. 그런데 생각해 보면 제가 어릴 때는 '우~' 소리를 내는 야유는 별로 하지 않은 것 같습니다. 제 기억으로는 서양에서 운동 경기 중 상대편이나 심판의 판정에 불만이 있을 때 사용했던 소리가 아닌가 싶습니다. 후에 그런 모습을 보던 우리나라 사람들이 따라한 게 아닐까요? 제 생각에 우리나라 문화는 야유에 익숙하지 않은 것 같은데, 좀 더 연구해 봐야 할 것 같습니다. 화를 내는 것과 야유하는 것은 다릅니다. 우리말에서는 '에~' 정도가 불만의 표시로 사용되는 것 같습니다.

'우'는 무거운 느낌이 나는 소리입니다. 저음이라고 할 수 있습니다. 물론 우로 높은 소리를 내는 것도 가능합니다. 하지만 우리 인식 속에서 우는 무겁고 어두운 느낌을 줍니다. 훈민정음을 만들던 시기에도 우의 이런 특성을 잘 알고 있었던 듯합니다. 그래서 글자 모양은 땅의 아래로 양의 기운이 숨어있는 모습을 보여줍니다. 달리 말해서 해가 지평선 너머로 진 것입니다. 밤이 찾아오는 것이니 당연히 어둡습니다. 따라서 '우'는 글자 모양으로 볼 때 어두움의 상징입니다. 땅거미가 내려앉아 있는 무거운 모습이기도 합니다. '어'는 서쪽으로 해가 지는 것이기에 저 멀리 사라지는 느낌이 있고, '우'는 땅 밑으로 사라지는 것이어서 가라앉는 느낌이 있습니다.

우가 들어간 단어 중에는 어둠을 표현하는 말도 눈에 뜨입니다. 어둡다는 단어는 어와 우가 만난 단어입니다. 어두운 소리가 반복되어 더 컴컴한 느낌입니다. 우로 시작하는 말 중에서 '굴'이라는 단어가 있습니다. 이 단어는 한자어 굴(窟)과 닮아서 어원이 좀 불분명합니다. 저는 굴에 해당하는 원래 한자어는 혈(穴)이라고 생각합니다. 우리말 굴은 '굴뚝', '구들'과 어원적으로 관련이 있어 보입니다. '움'이라는 단어가 오히려 한자어 굴과 관련이 있어 보입니다. '움집, 움막'이라고 할 때 움이 쓰입니다. '움푹'이라는 말에도 움이 있습니다. 아래로 들어가 있는 공간으로서 어두운 느낌을 줍니다. 우의 느낌을 담은 말이라고 할 수 있습니다.

'무겁다'는 말이 첫음절에 우를 포함하고 있는 것도 우연은 아닌 것 같습니다. 중세국어에서는 무겁다가 '므겁다'로 쓰였습니다만, 지금은 우의 느낌을 잘 보여주는 단어라고 할 수 있겠습니다. 날씨 중에는 '춥다'에 우가 들어갑니다. 우리가 힘들게 느끼는 날씨에는 음성모음이 들어가는 것 같습니다. '덥다'와 '춥다'의 느낌이 그렇습니다. 반면에 따뜻하다는 말은 밝은 모음으로 시작합니다. '두껍다, 두텁다'에도 우의 발음이 있습니다. '얇다'와 비교해 보면 재미있습니다. '가늘다'와 '굵다'도 비교해 볼 수 있겠습니다. '굵다'에도 우가 들어 있네요.

'우'도 '오'와 마찬가지로 입이 앞으로 나오고, 입술을 둥그렇게 하는 원순모음(圓脣母音)입니다. 그래서인지 둥근 모습을 표현하는 단어에도 자주 쓰입니다. 가장 대표적인 말은 지금 계속 이야기하고 있는 '둥글다'입니다. '동그랗다'와는 느낌이 좀 다릅니다. 동그란 것은 이지러짐이 없어 보입니다. 타원형이라면 동그랗다고 표현하지는 않을 듯합니다. 인생을 둥글게 살라고 하는 말이 생각납니다. 모나지 않게 사는 것은 어찌 보면 쉽고, 어찌 보면 어렵습니다. 내가 둥글게 살고 싶어도 모난 사람을 만나면 나도 거칠어지는 경우가 많기 때문입니다. 그래도 둥글게 살아야겠죠. 다투려고 태어난 것은 아닐 테니 말입니다. 세상을 동글게 산다는 표현은 하지 않습니다. 둥글게 사는 것도 답답함을 줄 수 있습니다. 내가 동그랗기 때문에 너도 동그래야 한다는 강요마저 느껴집니다. 원의 느낌을 주는 '둘둘, 두르다, 둘러보다' 등의 어휘에도 우가 보입니다.

무겁고 어둡다고 나쁜 것은 아닙니다. 밤이 없으면 우리는 살 수 없습니다. 잠을 자야 다음날을 맑게 맞이할 수 있는 겁니다. 빛은 좋은 거고 어둠은 없애야 하는 것으로 생각하는 사람이 있습니다만, 밤은 그 나름대로 소중합니다. 저는 우를 보면서 우리에게 필요한 우의 세계를 만납니다. 문득 '우리'라는 말에 우가 보이네요.

으 이야기

    우리말에서 '으' 발음은 종종 괴로움을 줍니다. 어떤 경우에는 '어'와 구별이 잘 안되기도 합니다. 사투리를 보면 그런 경향이 짙습니다. 경상도 방언에서는 으를 어로 발음하는 경향이 있습니다. 경상도 사람이 '은어'와 '언어'를 발음하면 다른 지역 사람은 잘 구별하지 못합니다. 둘 다 '어'로 들리기 때문입니다. 반면 서울 사투리에서는 어를 길게 발음할 때 긴 '으'로 발음하는 경향이 나타납니다. 우리가 자주 쓰는 말 중에 이런 어, 즉 '긴 으'가 들어가는 어휘가 많습니다. '얼마, 언제'와 같은 단어를 발음할 때 [을마, 은제]로 들립니다. 여기에서 '을'과 '은'은 길게 발음합니다. 서울말에서도 짧은 어의 경우는 '으'로 발음하면 안 됩니다. '언니'가 대표적입니다. '언니'와 '언제'를 발음해 보면 어와 으의 느낌을 알 수 있을 겁니다.

　물론 경상도에서는 본인이 '으'라고 발음했다고 생각합니다. 서울 사람들도 자신은 '어'라고 발음했다고 믿습니다. 그런데 다른 지역의 사람이 들어보면 전혀 다른 느낌입니다. 구별이 잘 안되는 겁니다. 서울말의 경우는 표준발음으로 다루어지기 때문에 아나운서의 발음을 들어보면 '긴 으'로 발음하는 것을 볼 수 있습니다. 외국인에게 한국어 발음을 가르친다면 어의 장음을 '으'로 발음한다는 점도 알려주어야 할 겁니다. 그게 자연스러운 한국인의 발음을 따라하는 일입니다.

　한편 '미음, 비읍, 피읖' 다음에 '으'가 오면 '우'로 발음이 납니다. 이런 현상을 원순모음화라고 합니다. 입술이 둥그렇게 변한다는 뜻입니다. 달리 말하면 입술을 평평하게 하고 소리를 내었던 '으'를 입술이 둥그런 '우'로 바꾸어 소리를 내게 되었다는 의미입니다. 그렇게 변하는 이유는 미음, 비읍, 피읖이 입술소리라는 점에 있습니다. 순음의 영향으로 원순음이 된다고 보고 있습니다. 실제로 예전에는 입술소리 다음에 으 모음이었던 어휘가 지금은 대부분 우로 변해 있습니다. '믈, 플'이 대표적인 어휘입니다. 지금은 물, 풀이 되어 있습니다.

그래서 현재 한국어에는 '므'나 '브', '프', '쁘'로 소리 나는 경우는 없다고 보아도 될 정도입니다. '슬프다' 같은 어휘를 발음해 보면 프를 푸로 발음하는 경향이 있습니다. 굳이 구별해서 발음하면 프와 푸가 구별되겠지만 프를 정확히 '으'로 발음하는 경우가 적다는 의미입니다. 프를 자연스럽게 발음하면 푸에 가깝게 발음하게 됩니다. '브, 프, 쁘'로 발음하려면 입술에 힘을 주게 됩니다. 힘을 주지 않아도 발음할수 있다면 그게 경제적입니다.

으는 어두운 모음의 기본이 됩니다. 기본자 세 개 중의 하나입니다. 으는 땅의 모습을 상형한 것입니다. 으를 땅이라고 상상하는 것은 매우 자연스러운 일입니다. 저 멀리 지평선이 느껴집니다. 우리가 딛고 서있는 곳이라는 느낌이 글자만 봐도 다가옵니다. 땅 위로 해가 뜨고, 땅 위로 해가 지는 모습을 오나 우로 나타냈는데, 어쩌면 하늘보다도 땅이 기본이 아닌가 하는 생각을 하게 합니다. 땅이 기준이 되고 있기 때문입니다. 한자로 어둠과 밝음을 표현할 때 음양(陰

陽)이라고 하는데, 이는 음(陰)이 먼저라는 의미입니다. 서양에서도 음에 해당하는 카오스가 먼저였습니다.

    우리말에서 으의 발음은 좀 어둡습니다. 우선 웃음소리 등을 보면 '흐흐흐'는 좋은 느낌이 아닙니다. 왠지 음흉한 느낌마저 주는 소리입니다. 으가 어둡다는 의미는 이런 의성어에서도 나타나고 있습니다. '으르렁' 소리는 어떤가요? 저음으로 울리는 소리의 느낌입니다. 상대를 겁주는 낮은 소리로 으의 느낌을 잘 보여주고 있습니다. '으스스'한 날씨의 느낌에도 스산한 어둠의 느낌이 납니다. 땅에 해당하는 어휘 중에는 '들'이나 '뜰'이 으 모음을 담고 있습니다. 세종께서 한글을 창제할 때 으는 땅을 상징했다고 하였는데, 들이나 뜰의 느낌이었을 수도 있겠습니다. 한국어를 배우는 외국인은 으라는 음을 어려워하기도 합니다. 어와의 구별이 어려워서일 겁니다. 하지만 어려운 것도 인생입니다. 열심히 연습하여 극복하면 더 큰 보람이 있을 겁니다.

이 이야기

    '이'는 꼿꼿이 서있는 글자입니다. 제가 외국인들에게 '으'가 땅이고 '점'이 하늘, 해라면 '이'는 무얼까 하고 질문을 한 적이 있습니다. 저는 당연히 사람이라고 대답할 줄 알았는데, 의외로 '나무'라는 대답이 많았습니다. 땅 위에 서있는 존재의 대표를 꼭 사람이라고 생각하는 것은 아니구나 하는 생각에 잠시 저를 돌아보기도 하였습니다. 우리는 하늘과 땅 사이에 사람이 가장 귀하다는 생각을 하고 삽니다. '천상천하유아독존(天上天下 唯我獨尊)'이나 '천지지간 만물지중 유인최귀(天地之間 萬物之衆 惟人最貴)'라는 말을 들으면서 자랐기 때문일까요? 하늘과 땅 사이에는 무조건 사람이 있다는 생각을 합니다. 땅을 딛고, 하늘을 우러르며 사는 게 우리네 사람입니다. 물론 우리를 둘러싼 환경도 소중히 여겨야 하겠지요.

　이라는 글자는 모양 자체가 사람을 닮았습니다. 한자의 사람 인(人)의 경우는 옛 상형문자에서는 많이 바뀐 모습입니다. 지금 글자는 마치 두 사람이 서로 기대고 있는 듯하나, 옛 글자에서는 손을 앞으로 내민 사람의 모습이었습니다. 우리 글자 '이'는 그렇게 자세하지는 않지만 추상적으로 땅을 딛고 서있는 사람의 모습입니다. 이가 사람이기 때문에 '아'와 '어', '애, 에, 외, 위, 왜, 웨, 의' 등 수많은 글자에 들어있습니다. 우리 글자에서도 사람이 중요한 겁니다. 어찌 보면 한글 모음자는 사람이 살아가고 있는 다양한 모습을 보여주는 듯합니다.

　실제로도 '이' 모음은 모음 중에서 가장 중요한 음이라고 할 수 있습니다. '이' 모음의 영향으로 많은 음운의 변동도 일어납니다. '이 모음동화(母音同化)'는 이 모음의 영향을 받아서 다른 모음이 이 모음 또는 이 모음 비슷하게 변하는 현상입니다. '왼손잡이'를 '왼손잽이'라고 발음하는 게 대표적입니다. 이 모음 역행동화(逆行同化)라고 합니다. 우리말에서 '스, 즈, 츠'는 '시, 지, 치'로 바뀌는 예도 많습니다. '슆다'가 '싫다'로, '즘생[衆生]'이 '짐승'으로, '츰'이 '침'으로 바뀌었습니다. 이런 현상을 전설모음화(前舌母音化)라고 합니다.

디귿이 지읒으로 변하고, 티읕이 치읓으로 변화하는 구개음화(口蓋音化)도 이 모음 앞이라는 환경에서 일어납니다. 구개음화는 우리말에서만 일어나는 현상이 아닙니다. 일본어에는 디나 티의 글자가 아예 없습니다. '지'나 '치'라는 글자로 써야 합니다. 우리말에서 첫소리에 니은을 못 쓰는 두음법칙(頭音法則)도 '이' 모음 앞에서 제약되는 현상입니다. '닢'이 아니라 잎으로, '니빨'이 아니라 이빨로 나타납니다. 첫소리에 '리'가 오면 '리을'이 떨어지고 '이'로 발음되는 것도 이 모음 앞이라는 환경의 영향을 받습니다. 리상이 아니라 이상으로 리유가 아니라 이유라고 말합니다. 북한에서는 두음법칙이 적용되지 않아서 남북한 어휘 차이의 원인이 됩니다. 이렇게 '이'는 많은 변화에 관계되어 있습니다.

또한 이는 전설모음이고 강력한 음입니다. 전설이라는 말은 입의 앞부분에서 소리가 난다는 의미입니다. 혀의 끝부분 쪽에서 소리가 납니다. 이 모음이 전설모음의 대표이기 때문에 다른 전설모음은 전부 이와 관계가 있습니다. 애, 에, 외, 위가 그렇습니다. 사이가 새가 되고, '가히(개의 옛말)'가 개가 되고, 오이가 '외(참외의 외)'가 되는 것도 모두 이의 힘에 의한 것입니다. 많은 모음이 이를 닮아갑니다.

  이를 발음해 보면 입술이 양쪽으로 벌어지며 나는 음입니다. 그래서일까요? '이'라고 발음할 때 이빨이 제일 잘 보입니다. '김치, 치즈, 피스, 위스키' 등 나라마다 사진을 찍을 때 외치는 말이 있습니다. 모두 이로 시작하거나 이로 끝나는 어휘입니다. 우연은 아니겠지요. '이'는 이빨을 가지런히 보일 수 있는 음입니다. 저는 우리말에서 '이'가 이빨의 뜻임은 우연이 아닐 거라 생각합니다. '이'라고 발음하면 자연스럽게 이를 보여주게 되는 겁니다. 이를 사람이라고 생각하면 하늘과 땅 사이에서 많은 일을 하고 있음을 알 수 있습니다. 이가 많은 것을 바꾸기도 합니다. 참 바쁩니다. '이'가 바로 변화하는 세상을 사는 우리의 모습입니다. 사람의 모습입니다.

2 부

한글과
세상 이야기

한글은 세상과 소통하고 있습니다. 세종의 이야기는 여전히 우리에게 많은 깨달음을 줍니다. 여기에서는 세종에 대한 이야기를 몇 편 담았습니다. 세종이 왜 한글을 만들었는지, 최만리와 논쟁하는 분위기는 어떠했는지도 살펴보았습니다. 세종의 탄신지와 관련된 이야기와 한글비석의 이야기도 실었습니다.

세상의 모든 소리를 표기하고자 했던 한글과 세계의 공용어는 여러 측면에서 닮은 점이 있습니다. 한글과 우리말에 관한 이야기나 한글 자모로 만든 민요 '국문뒤풀이' 이야기도 소개하려고 하였습니다. 한글이 만나는 세상을 보면서 한글의 미래도 꿈꾸어 보시기 바랍니다.

세종께서 태어난 곳

세종은 어디에서 태어났을까요? 세종대왕이 태어난 곳은 궁이 아닐까 하는 생각을 하겠지만 그렇지 않습니다. 이유는 간단합니다. 세종이 태어날 때 아버지 태종은 왕이 아니었기 때문입니다. 태종은 아시다시피 형제들과 피비린내나는 싸움을 겪고 왕이 됩니다. 태조 이성계에게 처음부터 왕위를 물려받은 것이 아니었습니다. 따라서 일반적인 왕이라면 탄신지를 찾을 필요가 없겠지만 세종의 경우에는 탄신지를 따로 찾아 기릴 필요가 있는 겁니다.

세종도 원래 왕이 될 거라 생각하지는 않았습니다. 당연히 처음부터 세자도 아니었습니다. 저는 이 장면이 세종에게도, 우리에게도 다행이라고 생각합니다. 왕이 되려하지 않았기에 더 훌륭한 왕이 될 수 있지 않았을까 하고 말입니다. 왕으로 키워지지 않았기에 좋아하는 공부를 실컷 할 수 있었고, 그러한 바탕이 후에 성군(聖君)이 되고 훈민정음을 창제하는 힘이 되었을 겁니다. 언어학에 대한 깊은 지식을 쌓을 수 있던 이유이기도 할 겁니다. 꼭 장자(長子)가 왕이 되어야 하는 것은 아닙니다. 조선시대 왕 중에는 태종이나 세종처럼 장자가 아니었던 왕이 많습니다. 그중에 왕의 역할을 훌륭히 수행한 경우도 많았습니다.

세종이 태어난 곳을 정확히 특정할 수는 없지만 통인동이 세종의 탄신지라고 보고 있습니다. 경복궁의 서쪽에 있는 마을입니다. 지금은 서촌이라고 해서 사람들에게 인기가 높은 곳입니다. 관광객도 아주 많습니다. 통인시장도 관광객에게 인기가 많은 곳입니다. 서촌에 있는 많은 가게에 한글 이름과 한글 글씨가 예쁘게 자리하고 있습니다. 세종께서 보시면 흐뭇한 미소를 띠지 않을까 합니다.

통인시장 근처에 가 보면 세종대왕 탄신지를 알리는 표식이 있습니다. 왠지 초라하다는 느낌도 듭니다. 물론 대단한 조형물이 있어야 세종께서 기뻐하실 일은 아니라는 생각을 합니다. 다만 이곳이 세종대왕과 관계가 있는 곳이라는 점을 잘 드러낼 수 있었으면 합니다. 탄신지 표식을 찾기도 쉽지 않습니다. 지금은 그 근처를 세종마을이라고 합니다. 그런데 그다지 세종의 느낌이 나지는 않습니다. 세종께서 보시면 즐거울 공간으로 채워지면 어떨까요? 어떻게 하면 세종대왕께서 좋아하실 공간이 되고, 우리도 한글을 기억하는 공간이 될까요? 외국인도 한글문화를 보기 위해서 들르고 싶은 공간이면 좋겠습니다.

한글과 관련된 디자인을 하는 곳이 많으면 어떨까요? 한글이 담긴 수많은 물건의 개발이 가능할 겁니다. 작은 한글 장식품도 가능하겠죠. 이미 만들어진 한글 디자인도 많으니, 이곳에서 한글 꽃을 피우면 좋겠습니다. 한글 옷을 디자인하고, 한글 옷을 팔고, 한글 옷을 입고 다니는 사람이 많은 곳이면 어떨까요? 지금도 다른 곳에 비해서는 한글 간판이 많습니다만, 한글의 다양한 서체로 간판이나 길거리를 꾸미면 어떨까요? 인위적인 기념물보다 자연스럽게 한글을 사랑하는 우리의 모습을 담으면 좋겠습니다. 한글 사랑이 넘치는 세종마을을 기대합니다.

한편 세종마을에 깊은 관심을 보이시던 시사일본어사의

엄호열 대표님이 생각납니다. 제 글을 좋아하셔서 여러 번
뵈었는데 그때마다 한글과 세종에 대해 깊은 애정을 보이
셨습니다. 한글파크라는 한국어 전문서점을 운영하고 있는
것도 관련이 있었을 겁니다. 엄 대표께서 예상치 못하게 갑
자기 세상을 떠나셨지만 세종마을 만들기에 대한 엄 대표
님의 뜻은 잘 이어질 거라 생각합니다. 세종마을이 한글마
을이 되는 즐거운 상상을 해 봅니다. 5월 15일은 스승의 날
입니다. 스승의 날이 5월 15일인 이유는 세종을 우리민족의
스승이라 생각하여 세종탄신일을 스승의 날로 정했기 때문
입니다. 스승의 날에 세종의 탄생에 대해서도 생각을 해 보
았으면 합니다.

세종은 왜 훈민정음을
만들었을까?

훈민정음 창제의 이유에 대해서는 많은 이야기가 있습니다. 많은 이야기가 있다는 것은 어떤 것은 맞고, 어떤 것은 틀리다는 의미도 될 수 있지만 세종대왕의 한글 창제 목적이 여러 가지였기 때문이라고 말할 수도 있습니다. 창제 목적을 보통은 '자주(自主), 애민(愛民), 실용(實用)'이라고 이야기합니다. 학교 시험 답안 같은 이야기입니다만, 맞는 말입니다. 중국과 달라서, 백성을 가엾게 여겨서, 편히 쓰게 하려고 훈민정음을 만든 것입니다. 이는 세종께서 직접 밝히고 있는 내용이기도 합니다.

그런데 각각을 세밀하게 들어가면 좀 복잡합니다. 중국과 다른 것이 '말'인지, '한자음'인지에 대해서도 논란이 있습니다. 학자들은 이 부분에서 주로 우리나라와 중국의 한자음 차이를 해결하기 위해서 훈민정음을 창제하였다고 봅니다. 같은 한자를 쓰지만 발음이 달라서 우리와 중국이 의사소통이 안 되었다는 겁니다. 저는 이러한 해석이 맞지만 궁극적으로 우리말이 중국말과 달라서 한자로 우리말을 표현하기 어려웠다는 주장도 맞다고 봅니다. 이후 반대의 상소를 보면 단지 발음의 문제라기보다는 우리말에 맞는 새로운 문자를 창제하는 문제에 반대를 하고 있기 때문입니다. 물론 한자를 대신하 예 한글을 쓰자고 훈민정음을 만든 것은 아닙니다.

애민이라는 말은 훈민정음 창제를 가장 돋보이게 하는 내용입니다. 중국과 다르고, 편안히 쓰게 한다고 해도 그것이 백성에게 도움이 안 된다면 창제의 아름다운 동기는 옅어지게 됩니다. 그럼 구체적으로 백성에게 어떤 도움을 주려고 한 것일까요? 서로 의사소통을 하기 위해 편지를 쓰거나 하는 것이 주목적은 아니었던 것 같습니다. 일반 백성이 종이를 사서 편지를 쓰는 것은 매우 어려운 일이었을 겁니다.

애민은 무엇을 말하는 것인지에 대해서 세종실록의 기록을 살펴보면 크게 두 가지 접근이 가능합니다. 첫째는 백성을 교화하려는 목적이 있습니다. 백성에게 쉬운 글자를 가르친 후, 그 글자로 만든 책을 읽게 하려는 것입니다. 대표적으로는 삼강행실이 있습니다. 세종은 "내가 만일 언문으로 삼강행실(三綱行實)을 번역하여 민간에 반포하면 어리석은 남녀가 모두 쉽게 깨달아서 충신·효자·열녀가 반드시 무리로 나올 것이다."라고 이야기하고 있습니다. 백성이 나라에 충성하고, 부모께 효도하는 등 인간의 도리를 지킬 수 있게 한 것입니다.

둘째는 백성의 억울함을 풀어주려고 한 것입니다. 저는 이 부분이야말로 백성을 가엾게 여긴 부분이라고 생각합니다. 삼강행실을 가르치는 것이 지배층의 생각을 더 많이 반영한 것이라면, 억울함을 풀어주는 것은 그야말로 백성을 위한 것이기 때문입니다. 최만리(崔萬理)의 상소 내용을 보면 반대의 근거로 훈민정음의 창제가 백성이 소송에서 억울함을 푸는 데 도움이 안 될 것이라고 주장합니다. 내용을 보면 "이제 언문으로 그 말을 직접 써서 읽어 듣게 하면, 비록 지극히 어리석은 사람일지라도 모두 다 쉽게 알아들어서 억울함을 품을 자가 없을 것이라."라고 한 부분을 반박하며, 이두나 언문으로 쓴다고 해도 사람의 문제이지 글 이해의 문제는 아니라고 이야기하는 것입니다. 초사(招辭), 즉 자기 죄를 진술한 글을 읽을 수 있다고 해도 관리가 공평하지 않으면 소용이 없다는 것입니다.

그러나 이는 소송에서 글을 몰라 억울함을 당한 백성이 많았음을 역으로 보여주는 내용이기도 합니다. 정인지(鄭麟趾)의 서문에도 "옥사(獄事)를 다스리는 사람은 그 곡절(曲折)의 통하기 어려움을 괴로워하였다."라고 하여 창제의 이유에 송사의 문제가 들어있음을 밝히고 있습니다. 내가 우리말로 진술한 내용이 한자로 어떻게 적혔는지 몰라 피해를 입는다면 얼마나 억울한 일이었겠습니까? 세종은 백성의 억울함을 가엾게 여기신 것이었습니다. 최만리의 상소에 대해서 다른 부분은 세종이 반박을 하고 있으나 송사에 관한 부분은 반박조차 하지 않습니다. 이는 반박할 가치도 없는 당연한 일임을 보여주는 것입니다.

훈민정음을 왜 창제했을까요? 이에 대한 여러 대답이 있을 겁니다. 맞는 의견도 많습니다. 하지만 하나만 꼽는다면 저는 백성의 억울함을 풀어주기 위한 것이라고 말하고 싶습니다. 백성이 억울하지 않아야 나라가 바로 섭니다. 백성이 슬프고 괴로울 때 나라가 힘이 되어야 백성이 떠나가지 않습니다. 훈민정음을 창제하고 월인천강지곡, 석보상절 등 불경을 많이 번역한 것도 백성을 위로하기 위한 세종의 생각이 담긴 것이라고 할 수 있습니다.

세종과 최만리

　우리나라 영화나 드라마를 보면 사극(史劇)이 많습니다. 실제 역사를 반영하였거나 당시의 상황을 담은 이야기가 많은 것입니다. 재미있는 것은 우리의 사극을 외국인들도 무척 좋아한다는 사실입니다. 세계적으로 한류 드라마의 바람을 일으킨 드라마 중에도 사극이 여럿 있습니다. 대표적인 드라마가 '대장금'입니다. 중동이나 동남아에서 대장금이 인기가 높을 때는 거리에 사람이 없었다고 하니 정말 대단한 일입니다. 외국에 가 보면 '주몽'을 보았다는 사람도 많습니다. 우리 사극에는 특별한 매력이 있는 것 같습니다.

저는 사극을 볼 때마다 놀라는 장면이 있습니다. 그건 바로 임금과 신하가 치열하게 토론을 하는 장면입니다. 아마 우리나라 사람이라면 사극의 장면에서 "아니 되옵니다. 통촉하여 주시옵소서."라고 임금 앞에서 큰 소리로 외치는 신하의 모습을 기억할 겁니다. 임금이 아무리 하고 싶어해도 신하들은 목숨을 내 놓고 반대하기도 합니다. 실제로 목숨을 잃는 경우도 많습니다. '내 목에 칼이 들어와도'라는 표현은 우리나라의 신하에게는 과장이 아닙니다. 외국 사람들이 한국의 사극을 보면서 임금과 신하의 치열한 토론을 보면 어떤 생각을 할까 궁금해집니다. 우리나라는 왕권이 절대적인 국가는 아니었습니다. 왕도 신하를 설득할 논리를 갖고 있어야 했던 겁니다.

　세종은 조선의 역사에서도 아주 강력한 임금이었습니다. 조선이 건국된 지 오래 지나지 않았던 시기였지만, 세종의 아버지인 태종은 세종의 통치를 위해 많은 준비를 하였습니다. 세종의 외가와 처가의 개입을 원천적으로 막아놓기

2장 한글을 만든 세종

도 했습니다. 무서운 일입니다. 세종은 오랫동안 왕위에 있으면서 더욱 힘을 쌓아갔던 것으로 보입니다. 1443년 즉 세종 25년이면 세종의 힘은 절정에 올라있었을 겁니다. 그때 훈민정음을 창제합니다. 학자들은 만약 세종이 아니었다면 아무리 문자에 관심이 있고 능력이 있는 왕이었다고 해도 훈민정음을 창제하기 어려웠을 것으로 봅니다. 문자를 창제하는 능력에는 강력한 통치자의 힘도 필요했던 겁니다.

그런 세종도 어떤 이유에서인지 훈민정음 창제 소식을 1443년 음력 마지막 날에 발표합니다. 한글날이 10월 9일이 아니라고 주장하는 사람들은 반포날짜가 아니라 창제 날짜를 기준으로 삼기 때문입니다. 12월 말이었기에 대부분의 신하도 고향이나 집에 머물렀을 것으로 보입니다. 신하들의 반발을 피하기 위하여 일부러 12월 말일에 발표한 것이 아닐까 하는 의견이 있습니다. 일리가 있다고 생각합니다. 당연히 신하의 반발은 그로부터 한참 뒤에 일어날 수밖에 없었습니다.

당시 집현전의 부제학이었던 최만리는 세종께 훈민정음 창제에 대해서 소를 올려 항의합니다. 훈민정음의 창제는 오랑캐나 하는 일이라고 직격탄을 날립니다. 물론 앞부분에는 문자에 대한 세종의 능력을 찬탄하는 내용(언문(諺文)을 제작하신 것이 지극히 신묘하와 만물을 창조하시고 지혜를 운전하심이 천고에 뛰어나시오나)도 담고 있습니다만 아무래도 핵심은 뒤에 있습니다. 최만리의 훈민정음 창제에 대한 반론은 논리적이고 신랄합니다. 세종도 당연히 지지 않고 자신 있게 반박을 합니다. 새로운 문자의 필요성을 강력하게 주장을 하며, 운서와 사성 칠음에 대한 지식을 보여줍니다. 최만리를 사대주의자로만 폄하하는 경우가 있습니다만, 저는 기존의 한자 문화권에 대한 입장과 새로운 문자 창제에 대한 입장이 팽팽히 맞서는 현장이라고 보고 싶습니다.

결과적으로는 세종은 최만리에게 벌을 내립니다. 하지만 생각처럼 심한 벌은 아니었습니다. 하루만 가두어 두게 합니다. 왕과 신하의 치열한 토론이 끝나고 임금의 뜻을 심하게 반대한 신하에게 경고 정도를 한 것으로 보입니다. 원래 죄 주려고 한 것이 아닌데 사리에 맞지 않게 이야기하여 벌을 준다고 밝히고 있습니다. 그 이후 최만리는 고향으로 돌아가서 다시는 나타나지 않았습니다. 누구의 뜻이었는지는 정확히 모르나 임금과 신하가 끝까지 스스로의 의견을 굽히지 않는 모습으로 제게는 남아있습니다. 지금이라면 이런 일이 가능했을까 싶습니다. 어떤 권력 앞에서도 자신의

논리를 굽히지 않는 학자의 모습과 그런 신하를 토론으로
설득하려는 임금의 모습은 우리의 역사에서 귀중한 한 장
면이 아닐까 합니다.

한글 비석을 찾아서

한글의 역사적 흔적을 찾는 일은 수수께끼를 푸는 것처럼 재미있습니다. 특히 한글이 새겨진 바위나 비석 등을 찾는 일도 무척 흥미진진한 일입니다. 조선시대에 만들어진 한글 비석이 서울에 남아있습니다. 노원구에 있는 한글 비석 이야기입니다. 조선시대의 한글 비석이 남아있는 것이 거의 없다고 하는데, 그중 하나가 제가 살았던 서울 노원구에 남아있음은 반가운 일입니다. 그것도 현존하는 가장 오래된 한글 비석이라고 하니 국어를 공부하는 저로서는 매우 흥분되는 유물이라고 할 수 있습니다.

우리나라에서 가장 오래된 비석이니 아마도 세계에서도 가장 오래된 한글 비석이겠죠. 혹시 북한이나 다른 곳에서 한글 비석이 발견되지 않는다면 말입니다. 우리나라에 있던 비석을 비롯한 많은 석물(石物)이 일본에 유출되어 있으니 어쩌면 일본에서 다른 비석이 발견될 수도 있겠습니다. 일본에 가면 많은 우리나라 석물을 만나는데 참 씁쓸한 일입니다. 현재 노원구의 한글 비석은 보물 1524호로 지정되어 잘 보존되고 있습니다. 비석이 있는 동네에 가면 길 이름도 한글비석로입니다. 한글 비석이 마을의 상징이 되었습니다.

한글 비석의 측면 한 쪽에는 한문이 다른 한 쪽에는 한글이 쓰여 있습니다. 한글의 내용은 한자를 모르는 사람을 위해서 새겨 놓은 것입니다. '위해서'라고 표현했지만 실제로는 경고의 의미를 담고 있습니다. 비석의 이름도 영비(靈碑)입니다. 신령한 비석이라는 의미인데, 이 비석과 무덤을 거역하거나 대적하면, 즉 훼손하면 재화(災禍)를 입을 것이라는 내용을 담고 있습니다. 내용은 "영(靈)한 비라. 거운 (거역한) 사람은 재화를 입으리라. 이는 글 모르는 사람에게 알리노라."라는 정도로 해석이 가능합니다. 무서운 내용입니다. 비석과 묘를 건드리는 사람에게 저주를 내리겠다는 이야기입니다. 함부로 건드리지 못했을 겁니다.

한자로만 쓰지 않고 한글로 썼다는 것은 이미 그 당시 한자는 모르지만 한글을 아는 사람이 많았다는 추론이 가능합니다. 이 한글 비석이 세워진 것이 중종 31년 1536년의 일이니 훈민정음이 반포(1446년)되고, 90년 정도 지난 후의 일입니다. 한글로 써 놓은 덕분이었을까요? 비석도, 묘도 훼손을 피할 수 있었습니다. 다른 건 몰라도 영비를 함부로 손대기는 어려웠을 겁니다. 한자로만 써 놓았다면 모르고 그럴 수도 있으나 한글로도 써 놓았으니 더 두렵지 않았을까 합니다.

저는 10년 정도 노원구에 살았기에 한글 비석을 찾아가 본 적이 있습니다. 그때는 깊이 연구해 보려는 생각은 없었고, 반가운 마음만 있었던 듯합니다. 비석의 내용은 유창돈 선생의 《이조어사전》(1964년)에 용례로 나올 정도로 유명하였던 것 같습니다. 훈민정음이 반포된 후 연산군 시대에는 수난을 겪기도 했는데, 한글이 생명력 있게 이어져 옴을 알 수 있습니다. 한글이 백성의 글로 사용되고 있었던 겁니다.

중종의 비(妃)인 문정왕후(文定王后)가 언문으로 교시를 내리는 장면이 조선왕조실록에 나옵니다. 조선조에서 가장 권력이 세었던 왕후인 문정왕후가 언문 교시를 내리는 장면도 인상적입니다. 사실 문정왕후와 한글 비석은 의외의 관계도 있습니다. 한글 비석이 있는 묘는 원래 태릉(泰陵) 자리에 있었는데 태릉을 만들면서 지금의 위치로 옮기게 된 것입니다. 바로 태릉이 문정왕후의 능입니다. 한글과 관련된 유물이나 유적지, 인물에 대해서 찾아보는 것은 한글의 역사를 뚜렷이 하는 일이기도 합니다. 노원구 쪽에 갈 일이 있거나, 한글에 대해 관심이 깊다면 한글 비석을 찾아보시기 바랍니다.

한글 뒤풀이 이야기

ㄱ역 ㄴ은 ㄷ글 ㄹ을~

국문 뒤풀이라는 말을 들어본 적이 있나요? '뒤풀이'라고 하면 어떤 모임이 끝나고 모여서 술도 마시고 이야기도 나누는 즐거운 모임이 생각나겠네요. 국문 뒤풀이라고 하니 국문과의 뒤풀이거나 국어와 관련된 사람들의 모임이 아닐까 하는 생각도 할 수 있겠습니다. 물론 뒤풀이에는 그런 뜻도 있습니다. 그런데 뒤풀이에는 그것 말고도 다른 뜻이 있습니다. 뒤풀이는 "어떤 말이나 글 아래에, 그 뜻의 풀이 비슷하게 노랫조로 지어 붙인 말(표준국어대사전)"이라는 뜻입니다. 대표적으로 국문 뒤풀이가 있는데 이는 국문의 글자를 풀어서 노랫조로 붙였다는 의미입니다. 즉 우리 글자를 배우기 위해서 노래로 만들었다는 것이죠.

국문 뒤풀이는 민요입니다. 언문 뒤풀이라고 하거나 한글 뒤풀이라고도 합니다. 한글 자모를 익히는 목적도 있었겠지만, 민요를 하는 사람의 발음을 연습하는 효과도 있었을 것으로 보입니다. 민요 공부는 목청을 틔워야 하고 정확하게 발음하는 것이 시작입니다. 우리가 평소에 하는 발음과 민요의 발음은 좀 다릅니다. 목청을 열고 단전(丹田)에서 발음이 올라오게 연습해야 한다고 합니다. 국문 뒤풀이는 다른 민요에 비해서 길기 때문에 민요를 연습하는 곡으로 효과적인 노래라고 할 수 있습니다. 지금도 민요를 배울 때는 국문 뒤풀이로 시작하는 경우가 있습니다.

　'국문, 국어'라는 말은 일제강점기를 지나면서 더는 못 쓰게 됩니다. 우리가 '한글'이라는 표현을 새로 만들게 된 원인이기도 합니다. 우리글을 국문이라고 하면 안 되었던 겁니다. 나라를 빼앗기고 글마저 못 쓰게 된 설움이라고 할 수 있을 겁니다. 그럼에도 국문 뒤풀이는 민요로 남아 불리게 됩니다. 귀한 노래라고 할 수 있습니다. 국문 뒤풀이를 통해 한글을 재미있게 배울 수 있었을 겁니다. 어쩌면 아이들보다는 글을 모르는 어른에게 더 맞는 노래가 아니었을까 싶습니다. 가사가 주로 사랑과 이별에 대한 내용이기 때문에 그렇습니다.

노래가사를 좀 볼까요? 노래를 모른다면 좀 설명이 어려울 수 있겠습니다. 꼭 노래도 들어보시기 바랍니다. 가사는 '가갸거겨'부터 '돠둬롸뤄'까지 한글자모를 이용해서 각 장을 시작하고 있습니다. 문학 장르로 보자면 조선시대의 4·4조의 가사(歌辭)같은 느낌입니다. "가갸거겨/가이없는/이 내 몸이/그지없이/되었구나." "고교구규/고생하던/우리낭군/구관하기가/짝이 없구나."와 같이 4음보 형식을 띠고 있습니다. 노래의 모든 줄은 기본적으로 '가갸거겨'처럼 시작하고, 그 뒤를 이어 '가나다라마바사아자차카타파하'의 각 글자로 시작하는 어휘 표현을 담았습니다.

국문 뒤풀이는 여러 가지 좋은 의도에도 불구하고 민중 속에서 널리 불리지는 않은 듯합니다. 아마도 여러 이유가 있겠지만 가사가 너무 어렵기 때문이 아니었을까 하는 생각이 들었습니다. 의도적으로 만들었음에도 가사 간의 논리가 부족한 점도 지적할 수 있을 것 같습니다. 앞에서 이야기한 것처럼 전체적인 흐름에 짜임새가 더 있으면 좋겠다는 생각을 했습니다. 그런데 한편으로 생각하면 그래서 민요이겠구나 하는 생각도 듭니다. 너무 논리적이라면 어색할 수도 있겠습니다. 하지만 민요는 민중 속에서 살아있어야 하고, 그러기 위해서는 민중이 좋아할 수 있게 끊임없이 변화하여야 할 겁니다. 굳이 옛 가사만을 고집할 이유도 없습니다. 옛 가사는 그대로 두더라도 새로운 국문 뒤풀이가 계속 나온다면 어린아이도 즐겁게 배울 수 있을 겁니다. 그러면 민요도 더 널리 생명력을 얻을 겁니다. 외국인을 위해서 조금 더 쉽고 재미있는 내용으로 한글 뒤풀이를 만들어 보면 어떨까요? 국문 뒤풀이의 변신을 꿈꾸어 봅니다.

< 국문뒤풀이 가사 >

가나다라마바사아자차　　잇었구나.

기역 니은 디귿 리을　　기역자로 집을 짓고 지긋지긋이 사쟀더니.

가갸거겨　　가이없는 이내 몸이 그지없이도 되었구나.

고교구규　　고생하던 우리 낭군 구관하기가 짝이 없구나.

나냐너녀　　나귀등에 솔질을 하여 송금안장을 지어 놓고, 팔도강
　　　　　　산을 유람을 할까.

노뇨누뉴　　노세 노세 젊어서 노세 늙어지면 못 노리로다.

다댜더뎌　　다닥다닥 붙었던 정이 어이없이도 떨어를 졌네.

도됴두듀　　도중에 늙은 몸이 다시 갱소년 어려워라.

라랴러려　　날아가는 원앙새야 널과 날과 짝을 짓잔다.

로료루류　　노류장화는 인개가절인데 처처에 있건마는

마먀머며　　마자 마자 마쟀더니 임의 생각을 또 하는구나

모묘무뮤　　모지도다 모지도다 한양낭군이 모지도다

바뱌버벼　　밥을 먹다 돌아다보니 임이 없어서 못 먹겠구나.

보뵤부뷰　　보고지고 보고지고 한양 낭군이 보고만 지고

사샤서셔　　사자고 굳은 언약 언약이 지중치 못하였구나.

소쇼수슈　　소슬 단풍 찬바람에 울고 가는 저 기럭아.

아야어여　　아예 덥석 잡았던 손목 어이 없이도 놓쳤구나.

오요우유　　오동복판 거문고에 새 줄 놓아 타노라니, 백학이 제
　　　　　　짐작하여 우줄우줄 춤만 춘다.

자자저저　　자로 종종 오시던 님이 어이 그다지 못 오시나.

조죠주쥬　　조별 낭군은 내 낭군인데, 한 번 가시고 날 아니 찾아.

차챠처쳐　　차라리 몰랐더라면 뉘가 뉜 줄을 몰랐을 것을

초쵸추츄　　초당에 곤히 든 잠 학의 소리에 놀라 깨니, 울던 학은
　　　　　　간 곳이 없고 들리느니 물소리로다.

카캬커켜　　용천검 드는 비수로 이내 일신을 버혀를 가오.

코쿄쿠큐　　훌쩍훌쩍 울던 눈물 옷깃을 다 적셨구나

타탸터텨　　타도 타도 월타도에 누구를 바라고 나 여기 왔나.

토툐투튜　　토해지신 감동하사 임 생기게 하여를 주오.

파퍄퍼펴　　파요 파요 보고만 파요 임의 옥천당 보고만 파요

포표푸퓨　　폭포수 깊은 물에 풍기 더덩실 빠졌더라면 이 꼴 저
　　　　　　꼴을 아니나 볼 걸.

하햐허혀　　한양 낭군은 내 낭군인데 한 장의 편지가 무소식이라

호효후휴　　후회지심 마쟀더니 다시도 생각을 또 하는구나.

과궈놔눠　　영리과천 지나실 길에 과문불입이 웬 말씀이요. 돠
　　　　　　~ 둬 ~ 롸 ~ 뤄 ~

< 한글뒤풀이 >

가나다라마바사아자차   잊었구나.

기역 니은 디귿 리을   기역자로 학교 짓고 재미있게 배우더라.

가갸거겨   가방 메고 학교 가서 우리 한글 공부하고.

고교구규   고생하던 우리 친구 즐겁기가 짝이 없구나.

나냐너녀   나라마다 말이 달라 글자들도 다 다르니, 세계 곳곳 여
행을 할까.

노뇨누뉴   노세 노세 젊어서 놀아 늙어지면 못 놀 거다.

다댜더뎌   다함께 놀던 친구들 어이없이도 헤어 졌네.

도됴두듀   도중에 포기하면 다시 잘하기 어려워라.

라랴러려   날아가는 저기 저 새 너와 나와 짝이 되잔다.

로료루류   노루 사슴 사이좋게 저기에 있건마는

마먀머며   말자 말자 말겠더니 딴 생각을 또 하는구나

모묘무뮤   모르겠다 모르겠다 공부 방법 어찌할 바

바뱌버벼   바닷가에 놀러가니 친구가 없어서 못 놀겠구나.

보뵤부뷰   보고 싶어 보고 싶어 사랑 이야기 노래 가사

사샤서셔   사슴과 노루도 서로가 재미있게 놀고만 있소.

소쇼수슈   소리 내며 날아가는 외로운 저 기럭아.

아야어여   아주 세게 잡았던 손목 어이 없이도 놓쳤구나.

오요우유   오동나무 거문고에 새 줄 놓아 타고 있네, 친구들아
         기분 좋으니 우리 함께 춤을 추자.

자자저져   자주 종종 오던 친구들 왜 이렇게도 안 오는지.

조죠주쥬   조별 모임 함께 한 친구 한 번 가고 안 찾아오네.

차챠처쳐   차라리 몰랐다면 누가 누군지 몰랐을 것을

초쵸추츄   초등학교 다닐 적에 함께 놀던 친구들아, 이제 모두
         간 곳이 없고 그리워라 착한 모습.

카캬커켜   칼국수 만들어서, 김치깍두기 옆에다 놓고.

코쿄쿠큐   코를 골고 주무시는 할아버지도 기분 좋다.

타탸터텨   타도 타도 기분 좋다 놀이 기구 타고 싶다.

토툐투튜   토요일에 놀러가자 친구들과 함께 가고파.

파퍄퍼펴   파도 소리 듣고 싶어요. 친구와 함께 보고 싶어요.

포표푸퓨   폭포 소리 시원해서 같이 들어가서 놀았더라면 우리
         들 기분이 정말로 좋아.

하햐허혀   하늘을 바라다보니 구름도 없고, 날씨가 좋네.

호효후휴   후회하지 않았는데 옛날 생각을 또 하는구나.

과궈놔눠   과일가게 지나갈 때에 친구 생각이 또 나는구나. 돠
         ~ 둬 ~ 롸 ~ 뤄 ~

                                (제가 쉽게 개사한 내용입니다.)

한글과 에스페란토의
닮은 점

세상에는 수많은 문자가 존재합니다. 그 중에서 만든 사람이 명확히 나타나 있는 경우는 거의 없습니다. 세종이 창제한 한글이 독특한 문자로 평가 받는 이유이기도 합니다. 한편 언어의 경우는 누가 만든다는 것은 사실상 불가능해 보입니다. 언어는 인류의 역사와 함께 발달되어 온 것이기에 누군가의 머릿속에서 만들어진다는 것은 상상하기 어려운 일입니다. 하지만 상상 속에 있던 일을 현실로 만든 언어가 바로 자멘호프가 만든 에스페란토입니다. 그런 의미에서 한글과 에스페란토는 닮은 점이 많습니다.

한글과 에스페란토를 이야기할 때 독창성을 이야기합니다. 하지만 금방 알 수 있듯이 완전히 새로운 것은 아닙니다. 기존의 문자 체계, 언어 체계와 같지 않다는 점에서는 충분히 독창적이지만 그동안 있었던 문자와 언어의 장단점을 고려했다는 점에서는 완전히 새롭다고 할 수는 없습니다. 한글의 경우는 세종이 다양한 문자를 참고하였을 것으로 보이나 특히 당시에 쓰고 있던 한자의 문자 체계를 완전히 벗어날 수 없었습니다. 물론 벗어날 필요도 없었을 겁니다. 어쩌면 한자의 체계에 일부 의존하는 것이 필요하였을 것입니다. 문자를 배우는 백성을 위해서도 말입니다. 에스페란토도 마찬가지겠죠. 우선 기존의 문자 체계를 최대한 따르는 것이 새로 문자를 배우는 어려움을 덜어주는 방법이었을 겁니다. 물론 문법이나 어휘도 단점을 빼고 최대한 이용해야 했겠지요.

　그래서일 겁니다. 아무래도 한글은 한자권이 아닌 사람들에게는 어려움이 있습니다. 모든 사람에게 간편한 문자는 아니라는 의미입니다. 예를 들어 받침을 쓰는 방식은 알파벳을 쓰는 사람들에게는 고통이 될 수 있습니다. 가로로만 쓰는 게 아니라 가로세로로 문자를 조합하는 방식은 복잡하게 느껴질 겁니다. 에스페란토를 배우는 사람의 경우도 인도 유럽어를 사용하는 사람들과 그렇지 않은 사람은 학습 속도에 차이를 보일 수밖에 없을 겁니다. 당연히 서양인의 학습 속도가 빠를 수밖에 없습니다. 그런데 불행 중 다행이라고나 할까요? 유럽권이 아닌 사람 중에도 유럽의 언어를 아는 사람이 많아서 에스페란토를 배우는 데 덜 힘들다는 건 참 아이러니합니다.

저는 한글을 자멘호프가 만들고 에스페란토를 세종이 만들었다면 어떤 결과로 나타났을까 상상해 봅니다. 물론 알파벳이 주요 문자였던 유럽에서는 음소문자인 한글의 창제 필요성이 적었을 겁니다. 아마 각 언어의 소리를 표기하는 음성기호 정도로 한글과 같은 문자를 사용하지 않았을까 합니다. 지금도 한글을 국제음성기호로 사용하면 어떨까 하는 의견이 있습니다. 자멘호프가 한글을 만들었다면 당연히 받침도 없었을 것이고, 글자모양도 더 알파벳에 닮아 있었겠지요. 그리고 만약 세종이 에스페란토와 비슷한 세계 공통어를 만들려고 하였다면 아무래도 어휘는 한자어가 많이 이용되었을 겁니다. 아마도 동아시아 언어 간의 발음의 차이를 최소한으로 줄인 한자 어휘를 주요 어휘로 만들었을 겁니다. 지금도 한자어가 한중일 발음이 달라서 서로 통하지 않으니 현실성이 있는 상상입니다.

　한글과 에스페란토의 닮은 점을 살펴보면서 에스페란토가 더 궁금해졌습니다. 좀 더 깊이 들어가 보아야겠습니다. 에스페란토에서 새로운 세상을 만날 수도 있겠습니다. 언어학적으로도 그렇고 세상을 보는 눈도 그렇고 말입니다. 저는 요즘 에스페란토를 배우기 시작했습니다. 아직은 걸음마 단계이지만 열심히 익혀서 에스페란토가 꿈꾸는 세상도 만나보려고 합니다. 한글과 에스페란토는 새로운 세상을 꿈꾼 문자이고 언어입니다.

한글의 미래

　한국어를 배우는 외국인이나 재외동포를 보면서 왜 한국어를 가르치는지 근원적인 질문을 던져 봅니다. 한국어를 가르치는 것이 지나치게 민족적인 생각은 아닌지, 한국어를 가르치는 것이 지나치게 패권주의적인 발상은 아닌지 생각해 보아야 하는 겁니다. 한국어를 모르면 한국인이 아니라는 발상은 맞는가요? 재외동포나 결혼 이민자에게 한국어를 배우지 않으면 한국인이 될 수 없다고 이야기하는 경우가 있습니다. 언어와 민족의 관계를 어디까지 생각해야 할까요?

　외국인에게 한국어를 가르치는 경우도 자칫하면 영어나 중국어 등이 범한 잘못을 되풀이 할 수 있습니다. 한국어는 보통 세계 13위의 언어라고 합니다. 사용자의 수가 그렇다는 의미입니다. 사람들은 순위에 연연합니다. 한국어의 영향력에 연연하고 있습니다. 세계 속에서 한국어를 알리는 일을 하는 사람들은 한국어 교육이 보여주는 근본적인 질문에 답하여야 합니다. 왜 한국어를 가르치나요?

한국어를 배우는 외국인을 대상으로 말하기 대회나 글짓기 대회를 하는 경우가 있습니다. 방송에서도 한국어로 토론하는 외국인의 모습을 자주 볼 수 있죠. 그런데 외국인이 쓰고 말하는 한국어를 보면서 흥미로운 점을 발견하게 됩니다. 당연한 이야기지만 한국어가 소통의 언어가 되고 있다는 점입니다. 한국어를 통해서 세계인들이 소통을 하게 된 겁니다. 서로 다른 모국어를 갖고 있지만, 소통의 언어는 한국어가 되는 특이한 경험입니다.

우리는 이런 경험을 해 보지 못했습니다. 영어나 일본어가 소통의 언어가 되고, 한국어는 부끄럽거나 사용하면 안 되는 언어로 취급받기도 하였습니다. 한국어가 소통의 언어가 되어있는 것을 보면서 무엇을 소통할 것인가에 대한 생각을 하게 되었습니다. 한국어로 경제적이나 정치적인 이익에 대해서만 이야기한다면 바람직한 소통은 아닐 겁니다. 한국어로 평화를 이야기하고 인류의 미래를 걱정하고, 서로를 배려하고 위하는 소통이 되기를 희망합니다.

인도네시아의 찌아찌아족에 한글을 보급한다는 소식을 들은 적이 있을 겁니다. 많은 사람이 한글의 우수성에 대한 근거로 이 예를 듭니다. 정말 한글의 우수성에 대한 예일까요? 지금도 찌아찌아족은 한글을 잘 사용하고 있을까요? 여전히 찌아찌아족뿐만 아니라 다양한 곳에서 문자가 없는 민족에게 한글을 보급하려는 노력이 이어지고 있습니다. 우리는 먼저 질문을 던져야 할 겁니다. 그들에게 좋은 일인가요? 그들은 한글을 받아들이기를 원하는가요? 원한다면 왜 원할까요?

한글은 배우기 쉽고, 사용하기 쉬운 과학적인 문자임에는 틀림없습니다. 그러나 그렇다고 해서 모든 언어에 한글이 최적의 문자라는 의미는 아닙니다. 다른 민족이 한글을 받아들이기에는 여러 가지 문제가 있습니다. 가장 큰 문제는 한글이 아주 낯선 문자라는 점입니다. 예를 들어 인도네시아는 공용어에 알파벳을 사용합니다. 인도네시아의 소수 부족인 찌아찌아족이 자신의 언어를 표기하기 위해서 조금 불편하더라도 알파벳을 사용하는 게 좋을까요, 아니면 새로 한글을 배우는 것이 좋을까요? 타이핑을 생각해 보면 어떤 문자가 실용적이고 편할까요? 문자를 보급한다는 것은 쉬운 일이 아닙니다. 한국어를 배우는 사람에게 한글 교육은 당연한 것일 수 있지만 한국어를 배우지 않는 민족에게 문자를 수출하는 것은 쉽게 결정할 일이 아닙니다.

반면에 한글의 국제적인 효용성으로는 음성기호를 드는 경우가 있습니다. 현재의 국제음성기호는 알파벳으로 되어 있는데, 음소 간의 유사성을 보여주는 데는 어려운 점이 있습니다. 따라서 한글의 장점을 살려서 국제음성기호의 하나로 채택하게 하는 것은 매우 의미 있는 일로 보입니다. 현재 중국의 경우에도 한자를 배우기 전에 영어의 알파벳을 음성부호로 먼저 배우고 있습니다. 한글이 국제음성기호의 하나로 세계 속에서 받아들여진다면 의미 있는 일이 아닐까요?

3부

한글,
우리말의 치유

언어는 의사소통의 도구입니다. 지식을 전달하는 것도 목적이 겠습니다만, 감정을 전달하고자 하는 목적도 컸을 겁니다. 명령이나 분노를 전달하기도 하였겠지만, 위로와 격려, 칭찬도 소통의 중요한 이유였을 겁니다. 당연히 언어를 통해서 행복해 하고, 기뻐하고, 슬퍼하고, 위로하였을 겁니다.

여기에서는 주로 말하기, 글쓰기, 몸짓언어 등을 통한 행복과 위로에 대해서 이야기를 풀어보았습니다. 또한 단어 만들기, 호칭과 지칭, 우리말 수 표현 등을 보면서 우리말과 감정의 문제를 살펴보았습니다. 어원 몇 가지를 통해서도 언어가 우리에게 얼마나 가깝게 있는지를 보이려고 하였습니다. 새로운 언어, 언어 배우기를 통해서 언어가 보여주는 치유를 소개하려고도 하였습니다.

행복한 말하기

으르렁과 가르랑

'으르렁'을 듣고 '엑소'를 생각했다면 제 글과 방향은 틀렸지만 손뼉을 쳐 드리고 싶습니다. 아마도 최근 머릿속에 나쁜 생각보다는 즐거운 일이 많은 분이 아닐까 싶습니다. K-pop이 많은 사람을 행복하게 하고 있습니다. 우리나라 사람뿐 아니라 온 세상 사람이 열광적으로 우리 노래를 좋아합니다. 우리 노래가 세상을 행복하게 하였으면 합니다. '으르렁'은 부정적인 느낌의 단어인데도, 노래를 생각하면 기쁘고 입가에 미소가 지어집니다. 어떤 단어가 나를 미소 짓게 하나요? 엄마, 아빠, 아이, 친구, 사랑, 행복, 그리움 등등. 가족에 대한 어휘가 많네요.

어떤 단어를 들었을 때 행복한 일이 먼저 떠오르면 좋겠습니다. 부정적인 의미를 가진 단어라도 우리 생각 속에서는 행복한 기억일 수 있습니다. 엑소의 노래 속에서도 '으르렁'의 이미지는 좋은 건 아닙니다. 으르렁은 서로 못 잡아먹어서 안달이 난 것 같은 느낌일 때 자주 쓰입니다. 사람이 동물이 되는 순간이라고 할 수 있습니다. 사람이 서로 잡아먹으면 안 되니까요. 그런데 사람들이 자꾸 서로를 위협하고, 서로를 헤치려 하고, 꺾으려고 합니다. 으르렁대고 있는 겁니다. 괴롭히려고 말을 하고, 그런 말을 마치 성공한 말처럼 생각하기도 합니다. 말로 서로를 잡아먹습니다.

'으르렁'이란 말을 들으면 '가르랑'이 떠오르는 경우도 있습니다. 주로 언어학에서 사용되는 용어이기도 한데 역시 둘 다 동물의 소리라고 할 수 있습니다. 으르렁 말, 가르랑 말이라고 표현하지만 근본적으로 동물 이야기입니다. 가르랑은 주로 고양이 소리를 나타냅니다.

듣기 좋은 소리로 상대를 대하는 태도를 비유하기도 합니다. 듣기 좋은 소리라도 상대에게 아부하고 상대를 속이려는 목적을 가지는 순간부터는 좋은 표현이 아닙니다. 겉을 속이라고 우기는 행위일 수 있습니다. 어쩌면 차라리 으르렁이 솔직한 것일 수 있습니다. 물론 으르렁이 좋다는 의미는 아닙니다.

으르렁을 이야기의 소재로 삼은 것은 말에 대해서 다시 생각해 보고 싶어서입니다. 어쩌면 너무 자주 이야기해서 식상할 수도 있겠습니다만, 말을 다루는 사람일수록 아니 말을 하는 모든 사람이 늘 고민하지 않으면 안 되는 이야기이기도 합니다. 그러니 자주 다룰 수밖에 없겠죠. 으르렁은 동물의 말입니다. 으르렁의 이미지는 낮게 깔리는 느낌도 있습니다. 소리는 낮을수록 권위를 나타냅니다. 소리를 저음으로 내는 것은 상대방에게 겁을 주는 행위이기도 합니다.

동물뿐 아니라 사람도 낮게 깔리는 목소리로 상대를 위협합니다. 목소리를 까는 게 권위적인 태도로 보이기도 합니다. 그래서 목소리 깔지 마라는 말을 농담처럼 하기도 합니다. 화가 난다고 소리를 지르는 건 하수의 행동이라는 말도 일리가 있습니다. 차분히 불만을 이야기하는 사람이 오히려 무서운 경우가 많습니다. 불만이나 불평, 명령 표현 등은 낮은 목소리가 효과적일 때도 있습니다.

아무튼 낮은 목소리든 큰 목소리든 으르렁대는 것은 서로를 괴롭히는 말하기입니다. 서로에게 상처를 주는 말하기입니다.

말이 비수가 되어

  말이 상처가 된다는 것을 가장 잘 표현한 말이 '비수(匕首)'가 아닐까 싶습니다. 비수는 날카로운 짧은 칼입니다. 날카롭다는 말에 이미 '날'이 들어가 있어서 더 무섭게 느껴집니다. 그래서 "등에 비수를 꽂는다."라는 말은 배신을 의미하고, 죽이는 것을 의미합니다. 비수는 짧은 칼이지만 잽싸게 사람을 공격하는 무기입니다. 그런데 우리가 말을 표현할 때, "말이 비수가 된다."라고 합니다. 말을 상처를 주는 도구로 사용하는 겁니다. 도려냅니다. 상대의 숨을 끊습니다. 때로는 말로 사람을 정말로 죽이기도 합니다.

  나쁜 댓글이나 비난에 목숨을 끊는 안타까운 일이 이어지고 있습니다. 말이 진짜 비수가 됩니다. 그리고 때로는 유리의 파편처럼 말이 상대의 가슴에 꽂히기도 합니다. 손가락 끝에 박힌 작은 유리 조각을 빼 본 사람은 알겠지만 정말 아픕니다. 잘 빠지지도 않습니다. 아주 작은 유리 조각이 혈관을 따라 돌기도 한다는 무서운 이야기를 들은 적도 있습니다. 말이 유리 조각이 되어 가슴 깊이 박혀 있는 사람들의 고통을 생각해 봅니다. 순간순간 아려올 겁니다. 내 말이 누군가에게 유리 파편이 아니었기 바랍니다.

"말이 무기가 된다"라는 말은 사회언어학에서도 등장하는 표현입니다. 말이 의사소통의 도구가 되기도 하지만 무기가 되기도 합니다. 도구를 강력하게 표현한 말이겠지만 무섭습니다. 말을 무기로 사용하면서, 상대에 대한 강요가 커졌습니다. 내 말을 따르게 만들려고 말을 총, 칼처럼 사용한다면 겁이 날 수밖에 없습니다. 말을 혁명의 무기라고 표현하는 경우도 있습니다. 말이 감정을 불러일으켜 더 큰 물결을 만들기도 하겠죠. 그야말로 말이 강력한 힘을 가진 도구가 되는 겁니다. 하지만 말을 도구나 무기로 보는 것보다 감정을 나누는 매개라는 점을 우선 기억할 필요가 있겠습니다. 좋은 감정을 나누려고, 서로에게 좋은 일을 알려주려고 말을 시작하였을 겁니다. 그렇게 생각하고 싶습니다.

말로 해라

말을 하는 이유는 싸우지 않기 위해서입니다. "말로 해라."라는 표현을 보면 폭력을 쓰지 말고, 말로 해결하라는 의미입니다. 말은 폭력의 반대말이기도 한 것입니다. 참지 못하고 폭력을 쓰는 경우에 "말보다 주먹이 앞선다."라는 표현을 하기도 합니다. 후회가 남죠. 상대방을 때리지 말고, 다치게 하지 말고 말로 문제를 해결해야 한다는 조상의 지혜입니다. 말로 해야 합니다. 말이 고마운 이유이기도 합니다. 그런데 말이 더 큰 상처가 되기도 합니다. 말이 폭탄이 되기도 합니다. 말이 직접 사람을 죽이지는 못하지만 죽고 싶게 만들면 죽이는 거나 마찬가지가 아닐까요?

"한마디 말로 천 냥 빚을 갚는다."라는 말은 늘 하는 말이지만 새겨야 할 표현입니다. 정말 좋은 속담이 아닌가요? 좋은 말의 가치는 그만큼 높습니다. 구체적으로 생각해 보면 우리가 어떤 말을 들으면 천 냥 빚을 받은 것으로 칠까요? 저는 말을 공부하는 사람이어서 늘 좋은 말에 관심이 많습니다. 서로를 행복하게 하는 말에 관심이 많습니다. 세상에는 좋은 말이 정말 많습니다. 단어도 많지만 표현도 참 많습니다. 듣기만 하여도 기분 좋은 말이 얼마나 많습니까? 사랑해요, 고마워요, 보고 싶어요.

감동을 주는 표현을 연구해 보면 어떨까요? 관심이 가득한 칭찬이나 진심 어린 사과는 어떤가요? 형식적인 칭찬과 사과는 감정의 전달이 적습니다. 칭찬을 받아도 의심을 하고, 사과를 받아도 의심을 합니다. 물론 칭찬하는 사람도, 사과하는 사람도 두려운 것은 마찬가지입니다. 내 칭찬을 아부로 생각하지 않을지, 내 사과를 듣고 나를 무시하지 않을지 걱정이 많습니다. 그래서 더 좋은 표현, 내 진심을 보여줄 표현을 찾아보면 좋겠습니다. 내가 자주 사용하는 좋은 표현은 뭐가 있나요? 나는 사람들을 행복하게 하는 말하기를 하고 있나요?

행복한 말

아름답고 부드러운 우리말을 찾는 노력은 가까운 곳에서 시작됩니다. 서로의 흥분을 일으키는 말이 아닌 감정을 진정시키는 말을 해야 합니다. 어쩌면 상처 주는 말하기가 제일 자주 사용되는 곳은 가정일 수 있습니다. 해서는 안 되는 말을 부모, 자식, 형제, 부부에게 쏟아버립니다. 그 말들이 아프게 오래 남아있습니다. 가까운 사이일수록 서로에게 오랫동안 기억될 행복한 말을 전했으면 합니다. 일상 속에서도 얼마든지 좋은 표현을 사용할 수 있습니다. 말은 싸움을 말리는 것인데, 내 말투가 싸우는 것 같다고 할 때는 반성을 해야 하지 않을까요? 언제부터인가 내 말투가, 내 글이 공격적이라는 소리를 들으면 나를 돌아봐야 하지 않을까요? 나는 싸우는 사람인가요? 나는 공격적인가요? 나는 으르렁대는 사람인가요? 나쁜 댓글과 상처를 주는 말은 줄이고, 용서의 말과 사랑의 말을 찾았으면 합니다.

저는 다른 언어를 공부하면서도 좋은 표현을 만나면 감탄하게 됩니다. 서로의 기분을 좋게 만드는 표현은 더 배우고 싶어집니다. 다른 언어를 공부하면서도 좋은 말, 표현이면 따라 해도 좋지 않을까요? 영어나 일본어나 다른 언어를 공부하면서 좋았던 표현이 있나요? 영어에서는 다른 사람에게 고맙다는 말을 들으면, '나도 도와줄 수 있어서 기뻤어.(It was my pleasure.)'라고 대답합니다. 저는 그 말을 들었을 때 나의 가치를 다시 생각해 보게 되고 마음이 따뜻해졌습니다. 저는 다른 사람의 좋은 표현은 따라하려고 합니다. 외국어에서도 좋은 표현이 있으면 따라합니다. 좋은 표현으로 말하는 저도 행복함을 느낍니다.

    나이를 먹으면서 하지 않아야 할 말은 줄이고, 하면 좋은 말을 늘리는 게 행복한 말하기의 비밀임을 깨닫습니다. 어떨 때는 말을 안 할 때 더 행복해지기도 합니다. 모든 말을 다 해야 하는 것도 아닙니다. 물론 오늘 글처럼 좋은 말은 찾아야겠지만 말입니다. 말이 서로를 따뜻하게 하고, 위로해 줄 수 있기 바랍니다. 앞이 안 보이고 세상이 어두울수록 말이 더 고맙습니다.

몸짓의 위로

언어와 신체언어

　사람은 언어를 사용하는 동물입니다. 이 말은 언어가 인간과 동물을 구별한다는 의미도 됩니다. 그만큼 언어가 중요하죠. 언어는 의사소통의 도구라고 말을 합니다. 자신의 생각이나 의견을 상대에게 전한다는 의미겠죠. 소통에는 감정도 포함되어 있습니다. 나의 감정을 표현하고 상대의 감정을 이해하는 것도 언어에서는 중요한 요소입니다. 저는 언어를 통한 감정의 전달이 무엇보다도 중요하다고 생각합니다. 감정이 잘못 전달되면 돌이키지 못할 오해가 되기도 합니다. 그리고 감정은 서로에게 힘이 되기도 하고 위로가 되기도 합니다.

언어는 크게 세 가지로 나누어 볼 수 있습니다. 우리가 흔히 '말'이라고 부르는 음성언어와 '글'이라고 부르는 문자언어입니다. 그리고 우리가 종종 놓치는 몸으로 하는 말, 신체언어가 있습니다. 이 신체언어는 사람뿐 아니라 동물에게도 있습니다. 하지만 인간의 신체언어와 동물의 신체언어는 질적으로 큰 차이가 있습니다. 학습하는 신체언어가 많다는 게 차이의 원인이 될 겁니다. 학습한다는 말은 문화를 반영한다는 말이기도 합니다. 문화에 따라 신체언어는 달라집니다.

　물론 어떤 신체언어는 학습하는 것이 아니라 천부적인 것이기도 합니다. 무서워서 눈을 감는다든지 식은땀을 흘린다든지 하는 것은 민족이나 문화와 상관없이 자연스럽게 이루어지는 행위일 겁니다. 학습하는 신체언어 중에도 기원을 따라가 보면 본능과 관련이 되는 경우가 많습니다. 예를 들어 화가 났을 때 하는 행위를 보면 본능의 영향을 많이 받고 있음을 알 수 있습니다. 주먹을 쥐는 행위나 눈을 부라리는 행위 등은 모두 상대방에게 위협을 주려는 행위에서 출발한 것입니다. 지금은 의도적으로 할 수 있는 행위지만 원래는 본능적인 행위였습니다.

인간이 의사소통을 할 때 70% 이상은 음성언어가 아니라 신체언어로 한다고 합니다. 물론 이때 신체언어의 정의를 명확히 할 필요는 있겠습니다만 신체언어가 의사소통에서 중요한 것은 사실입니다. 의사소통이라고 했지만 실제로 신체언어는 감정의 소통에 더 도움을 줍니다. 문자언어보다는 음성언어, 음성언어보다는 신체언어에 감정이 더 담깁니다. 신체언어가 중요하다면 그 이유는 우리의 감정 전달에서 중요한 역할을 하기 때문입니다.

신체언어와 몸말

신체언어는 'Body Language'의 번역어입니다. 한자어로 번역한 말입니다. 순우리말로는 몸짓언어라고 표현하는 경우가 많습니다. 이때 몸 언어라고 하지 않고 몸짓 언어라고 하는 것이 재미있습니다. 언어까지도 순우리말로 바꾸면 '몸 말' 또는 '몸짓 말'이라고 표현할 수 있습니다. 그런데 몸짓이라고 하면 마치 몸과는 관계가 없는 느낌이 듭니다. 번역도 정확하게 이루어지지 않은 셈입니다. 몸짓이라는 말에 이미 행위가 담겨있기 때문입니다. '짓'이 굳이 말하자면 언어인 셈입니다.

　몸짓은 손짓, 발짓, 눈짓에서와 마찬가지로 몸의 표현입니다. 손으로 하는 의사소통 행위가 손짓이고, 발로 하는 의사소통 행위가 발짓인 것과 같습니다. 몸짓은 몸이 만들어낸 짓입니다. 몸짓언어라고 하면 용어가 겹쳐있는 느낌입니다. 짓이라는 말도 그리 좋은 느낌의 표현은 아닙니다. 보통은 좋지 않은 행위를 나타냅니다. '무슨 짓이냐, 쓸데없는 짓, 허튼짓, 별짓' 등의 표현을 보면 하지 않아야 할 행위에 주로 쓰임을 알 수 있습니다. 손짓 발짓도 주로 말로 설명하기 힘든 상황을 나타내는 말입니다. 일반적이지 않은 소통행위라고 할 수 있습니다. 몸짓은 그런 의미에서 보면 애매한 표현입니다. 정확하게 표현하고, 좋지 않은 느낌을 뺀다면 '몸말'이 맞는 표현으로 보입니다.

　'짓'은 '질'과도 연결이 됩니다. '질' 역시 행위와 관련이 되는데 역시 좋지 않은 행위에 주로 쓰입니다. 발길질 헛손질 헛발질 주먹질 등의 표현을 보면 질의 느낌을 알 수 있습니다. 질은 의미가 확대되어 일의 의미로 쓰이기도 합니다. 방언에서는 일의 낮춤말 정도로 쓰이는 경우도 있습니다만,

주로는 좋지 않은 행위입니다. 도둑질이 대표적이겠네요.
계집질, 서방질과 같은 안 좋은 표현에도 사용됩니다.

저는 몸짓언어라는 용어보다는 '몸말'이라는 용어가 낫지
않을까 생각합니다. 짓의 부정적인 느낌도 피하고 짓과 언
어의 의미중첩도 피할 수 있을 것 같습니다. 입으로 하는
말이나 글로 쓰는 언어가 아니라 온몸으로 의사표현을 하
는 언어라는 의미에서 몸말이라는 표현이 좋을 것 같습니
다. 번역의 측면에서도 body language를 정확히 번역한
것이라 할 수 있습니다. 몸말이라는 용어를 쓰려면 학자들
간의 동의가 있어야 할 것 같습니다. 우선은 혼동을 피하기
위해서 신체언어라는 용어를 함께 쓰는 게 좋겠습니다.

신체언어와 위로

몸짓과 달리 몸에서는 온도가 느껴집니다. 체온이 있는
겁니다. 저는 몸의 언어를 생각할 때마다 감정의 온도를 느
낍니다. 글보다는 말에, 말보다는 몸에서 감정이 더 잘 전

달됩니다. 말에서 느껴지는 높낮이, 세기, 빠르기, 떨림은 모두 감정과 연관이 됩니다. 하지만 몸에는 진짜 온도가 있습니다. 따뜻함이 있습니다. 힘들고 지친 사람을 위로하기도 하고 반가운 마음과 기쁜 감정을 전달하기도 합니다.

우리말에는 몸의 말이 많이 나타납니다. 관용표현 속에도 많고, 실제 행위로도 많이 나타납니다. 예를 들어 토닥이다, 어깨를 두드리다, 머리를 쓰다듬다 등은 칭찬과 위로의 신체언어입니다. 가만히 다가와서 외롭고, 서럽고, 힘들고, 지친 어깨를 두드려주는 것은 위로가 됩니다. 따뜻함이 전달됩니다. 나는 혼자가 아니라는 생각을 하게 합니다. 나를 믿고 함께할 사람이 있음을 알게 합니다.

인사도 말보다는 행위가 따뜻함을 전달합니다. 악수는 인사의 방법이기도 하지만 서로의 뜻을 모으는 일이기도 합니다. 손을 잡는다는 말이 힘을 합치다의 의미로도 사용이 됩니다. 그뿐 아니라 가만히 손을 잡아주는 것이 더 없는 행복이기도 합니다. 나를 이해한다는 말, 나를 응원한다는 말, 늘 고맙다는 말이 손의 느낌을 통해서 전달됩니다. 백 마디 말보다 슬며시 손을 잡아주는 것에 더 큰 위로를 받습니다.

　가만히 안아주는 것은 어떤가요? 우리나라에서도 포옹이 인사가 되는 경우도 있습니다. 아주 가까운 사이에 할 수 있는 인사겠죠. 거리감이 느껴지지 않는 행위이기도 합니다. 서로의 체온을 직접적으로 느낄 수도 있습니다. 인사가 아니더라도 힘들어하는 친구를 가만히 안아주고 어깨를 토닥여주는 것은 다시 살아갈 용기를 주기도 합니다.

　직접 닿지는 않아도 몸의 온도가 전해지기도 합니다. 미소가 대표적으로 감정의 온도를 전하는 방법일 겁니다. 나를 보고 늘 미소 지어주는 사람은 나를 믿어주는 사람이기도 합니다. 눈물도 감정의 온도를 전합니다. 어쩌면 미소보다 더 뜨겁게 감정 전달이 되기도 합니다. 내 슬픔을 자신의 일처럼 슬퍼하는 사람이 있다는 건 말할 수 없는 행복입니다.

진심으로 신체언어를

　신체언어는 깊은 감정을 전달하고 기억 속에 추억을 남겨서 좋습니다. 우리는 어릴 적에 배가 아파서 울고 있을 때 내 손은 약손이라며 배를 만져주시던 어머니의 온기를 기억합니다. 넘어져서 무릎에 상처가 났을 때 약을 발라주시고

한글의 감정

호호 입김을 불어주시던 걱정의 온기를 기억합니다. 신체언어는 이렇게 우리 마음에 위로를 줍니다. 위로의 신체언어, '몸말'이 참 고맙습니다.

그럼 우리는 어떤 신체언어로 사람을 위로하고 있을까요? 우리가 평소에 자주 하는 신체언어는 무언가요? 그중에서 내 진심이 담긴 신체언어는 어떤 게 있나요? 지나치게 형식적인 신체언어를 사용하는 건 아닌가요? 형식적으로 악수하고, 미소를 짓습니다. 악수를 하면서 상대의 눈도 제대로 마주치지 않는 경우도 많습니다. 미소는 순식간에 사라지고 맙니다. 형식적이었다는 증거입니다. 형식적인 신체언어는 형식적인 글이나 말만큼이나 감동이 없습니다.

저는 신체언어가 주는 위로를 기억합니다. 감정의 따뜻함을 기억합니다. 제가 느꼈던 기억을 제 가족이 느꼈으면 좋겠습니다. 벗들이 느꼈으면 좋겠습니다. 제자들이 느낄 수 있으면 좋겠습니다. 진심으로 신체언어의 위로를 나누고 싶습니다.

위로의 글쓰기

글쓰기의 위로

세상살이가 참 힘이 듭니다. 살면서 누구나 고통을 당하지 않을 수 없기에 고통은 모두에게 해당되는 일입니다. 생로병사가 모두 고통이라는 사람도 있습니다. 물론 고통은 행복의 다른 이름이기도 합니다. 아이를 낳는 고통이 있어야 아이를 만나는 행복도 있습니다. 헤어짐은 만남의 기쁨을 주기도 합니다. 그렇지만 여전히 우리는 고통의 순간에 행복을 바라보지 못합니다. 그래서 더 애달프고 마음이 아픕니다. 힘든 마음을 위로하기 위해서 우리는 여러 가지 일을 합니다. 몸을 더 힘차게 움직이기도 하고 예술을 배우기도 합니다. 사람을 만나서 웃으며 이야기하기도 합니다. 하지만 혼자 있는 시간의 외로움이나 두려움, 그리고 서러움은 쉽게 달래지지 않습니다. 그럴 때 저는 글쓰기를 권합니다. 그야말로 글쓰기의 위로이고, 위로의 글쓰기입니다. 그런데 글 쓰는 게 쉽지가 않습니다.

글을 잘 쓰고 싶다는 사람이 많습니다. 현대사회는 글보다 말이 중요하고, 말보다 영상(映像)이 중요한 시대로 보이는데, 여전히 글에 대한 갈망이 많습니다. 우리의 삶에서 '말과 글과 모습과 마음'은 서로 어우러져 내 마음을 표현합니다. 만남에서는 말이 더 중요할 수 있지만, 아무래도 혼자 있는 시간일수록 글이 중요할 겁니다. 멀리에 있는 사람, 잘 모르지만 서로 소통하고 싶은 사람에게 나를 효과적으로 전달하는 방법도 여전히 글입니다. 글은 타인과의 소통이면서 스스로와 나누는 대화이고, 그래서 때론 따뜻한 위로가 됩니다. 혼자 상념에 젖은 밤이나 잠 못 이루고 일찍 깬 새벽에 글은 나의 마음을 드러내주고, 따뜻하게 토닥여줍니다.

어떤 글이 좋은 글일까요?

글쓰기를 잘하고 싶다면 어떤 글이 좋은 글인지에 대해서 아는 게 필요할 겁니다. 먼저 제 글에 대해서 이야기하자면 저는 스스로 제 글을 '저다운 글'이라고 생각합니다. 저 역시 제 글이 좋을 때도 있고, 마음에 들지 않을 때도 있습니다. 그래도 그게 제 글이라는 생각을 합니다. 사람마다 말투가 있듯이 사람마다 글투도 있습니다. 우리는 글투를 문체라고 합니다. 당연히 글은 사람마다 달라집니다. 남의 글을 흉내 낸 글이 오히려 좋지 않은 글일 수 있습니다. 그러니 어찌 보면 어떤 글이 제일 좋다고 이야기하는 건 문제가 있습니다. 사람마다 좋아하는 글의 표현 방식이 다르고, 글의 주제나 소재에 따라 글의 전개 방식도 달라질 것이기 때문입니다. 시를 소설처럼 써도 안 되고, 소설을 시처럼 써도 안 됩니다. 수필을 설명문처럼 써도 안 됩니다.

그래서 어떤 글이 좋은 글인가에 대한 저의 답은 '나다운 글'입니다. 흉내 내는 글이 아니라 내 마음과 생각을 솔직하게 잘 드러낼 수 있는 글이 좋은 글입니다. 그런 면에서 보면 글을 쓸 때 안심을 해도 됩니다. 내가 솔직하게만 쓰면 좋은 글이 될 가능성이 있습니다. 편안하게 그냥 쓰면 됩니다. 제가 가끔 이야기합니다만, 글쓰기를 전혀 배운 적이 없으신 할머니도 글을 잘 쓰시는 분이 많습니다. 할머니들이 자신의 이야기를 담은 책이 호평을 받기도 합니다. 왜일까요? 본인의 이야기를 담담하고 솔직하게 그려내고 있기 때문입니다. 오히려 이런 글이 화려한 글보다 마음에 더 큰 울림을 줍니다. 지나치게 꾸미면 감동이 사라지기도 합니다. 꾸밈은 거짓이라는 말과도 통하기 때문입니다. 내가 하고 싶은 이야기를 내 말투에 담아서 쓰면 됩니다. 글은 겁을 내면 낼수록 더 어려워집니다.

그런 의미에서 맞춤법은 매우 부차적입니다. 글쓰기 교실에서 처음에 맞춤법을 길게 가르치는 경우가 있는데 이는 글을 쓰고자 하는 마음을 가로막는 행위가 되기도 합니다. 제가 볼 때 맞춤법을 몰라서 글을 못 쓰는 경우는 없습니다. 표준어를 몰라서 글을 못 쓰는 경우는 더더구나 없습니다. 심하게 말하자면 맞춤법은 나중에 전문가의 도움을 받아도 됩니다. 맞춤법이나 띄어쓰기는 틀릴 수 있다고 생각하고 편하게 글을 써 보는 게 중요합니다. 저는 맞춤법에 관한 책을 내기도 했습니다만, 가끔 맞춤법이나 띄어쓰기를 틀립니다. 사전을 찾아서 확인하지 않으면 안 되는 경우도 많습니다.

글 쓰는 버릇을 들여야

'말은 잘하는데 글로 쓰기는 어렵다'는 분도 많습니다. 저는 그럴 때 말하듯이 글을 써 보라고 이야기합니다. 제가 쓰는 글도 대부분 말하듯이 쓰는 글입니다. 한국어는 문어체와 구어체가 명확히 구별되는 것처럼 보입니다. 예를 들어 "나는 밥을 먹었다."와 같은 표현을 말할 때는 잘 하지 않습니다. 그런데 생각해 보면 말이 먼저이지 글이 먼저는 아닙니다. 그래서인지 요즘에는 구어체로 글을 쓰는 분도 많습니다. 논문이나 보고서 등은 문어체로 쓰는 게 나을 수도 있겠습니다만, 우리가 쓰는 대부분의 생활문이나 수필은 말하듯이 쓰는 게 오히려 나을 때도 있습니다. 물론 문어체로 쓰는 게 나쁘다는 이야기는 아닙니다. 글로 쓰는 게 어렵다면 그냥 말하듯이 자연스럽게 쓰는 것도 좋은 방법이라는 말입니다.

글을 잘 쓰기 위해서는 자주 써 보는 게 좋습니다. 글쓰기를 잘 못하는 주원인은 글을 써 본 적이 없기 때문이라는 말에 동감합니다. 글쓰기에 대한 겁을 벗어버리고, 틈나는 대로 글감을 메모하여 짧게라도 써 보면 글이 점점 좋아집니다. 내용도 탄탄해지고, 표현도 좋아집니다. 글의 길이도 점점 길어집니다. 문장의 길이가 아니라 글의 길이가 길어지는 겁니다. 한 문장의 길이가 긴 것은 그다지 좋지 않습니다. 호흡이 길어지면 앞뒤가 맞지 않는 글이 될 가능성이 높기 때문입니다. 하지만 글의 전체 길이가 길어지는 것은 좋은 일입니다. 글 쓰는 힘이 생기는 겁니다. 처음에는 한 페이지를 쓰기도 힘들어하던 사람이 어느새 긴 글을 씁니다. 물론 하루아침에 일어나는 일은 아닙니다. 몇 년이 걸리기도 하고, 십여 년이 걸리기도 합니다. 그러면 어떻습니까? 어차피 글쓰기는 평생하고 싶은 일이었으니까요.

더 좋은 글은 어떻게

좋은 글이 아무리 나다운 글이라고 해도 더 마음에 들고, 더 감동을 주는 글이 있는 것은 틀림없습니다. 자기 글 중에서도 더 마음에 드는 글이 있고, 다른 사람의 글을 읽어도 더 감탄하게 되는 글이 있습니다. 여기에도 몇 가지 이유가 있을 겁니다. 비슷한 내용의 글이 마음을 울리기는 쉽지 않습니다. 새로운 글이어야 읽고 싶은 마음을 줍니다. 따라서 어떤 부분이 새로운가에 대해서 끊임없이 고민해야 합니

다. 할머니의 글이 감동을 주었던 것도 할머니만의 이야기
가 담겼기 때문입니다. 새로운 소재거나 새로운 관점으로
글을 써 보면 나다운 글이 됩니다.

표현도 구태의연한 표현보다는 내가 생각하는 비유나 인
용이 좋습니다. 나이가 있으신 분이라면 구수한 옛 비유도
도움이 될 겁니다. 나에게 맞는 즐거운 비유를 생각해 보세
요. 그러면 글이 맛있어집니다. 남들이 하는 비유를 그대로
따라하지 말고, 내 마음에 쏙 드는 비유를 창조해 볼 필요
가 있습니다. 그런 점에서 보자면 다른 글에서 좋은 비유나
표현을 정리해 보는 것도 좋습니다. 보통 좋은 글이라고 하
면 표현과 비유가 독특한 아름다움을 가진 글입니다. 내 글
에 맞게 직유도, 은유도 꽃피게 될 겁니다. 하루에 한 문장
정도를 매일 써 보는 것도 좋습니다. 내 글에서 가장 중요
한 한 문장을 연습해 보는 겁니다. 저도 100일 넘게 매일 한
두 문장을 써 본 적이 있습니다. 그 문장들은 나중에 저의
다른 글 속에서 빛이 되기도 하였습니다.

글은 평생 쓰는 것

글과 연기를 비교해 볼까요? 저는 종종 글쓰기가 연기와 비슷하다는 생각을 합니다. 연기는 꼭 연극영화과를 나왔다고 더 잘하는 것은 아닙니다. 체계적으로 연기를 배우지 않았는데도 연기를 잘하는 사람도 있습니다. 재미있는 것은 연기를 잘하는 사람의 공통점 중 하나가 연기를 오래한 사람이라는 겁니다. 그리고 더 재미있는 것은 연기를 잘하는 사람에 대한 칭찬이 이제 연기가 자연스럽다는 말이라는 점입니다. 오래 연기를 해서 이제 연기를 꾸미거나 흉내 내서 하는 게 아니라 실제 생활처럼 표현하는 게 연기를 잘하는 겁니다.

그런데 생각해 보면 우리의 평상시 생활이 실제 생활이니까 우리는 누구나 연기를 잘할 수 있는 사람입니다. 연기라고 생각하지 않고, 그 사람처럼 말하고 행동하면 좋은 연기가 되는 겁니다. 동네에도 연기력이 탁월한 분들이 있습니다. 동네 사람 모두를 흉내 내고, 텔레비전에서 본 사람을 똑같이 흉내 냅니다. 저는 글쓰기도 비슷하다고 생각합니다. 자연스러운 글쓰기, 나다운 글쓰기가 좋은 글쓰기입니다. 그러기에 글 쓰는 능력은 원래부터 내가 타고 난 겁니다. 앞으로 계속 글을 써 본다면 연기력처럼 자연스러워졌다는 말을 듣게 될 겁니다. 어쩌면 원래의 내 속에 있었던 글쓰기 능력을 발견하는 여정일 수 있습니다. 우리는 모두 글을 잘 쓸 수 있는 사람입니다. 나다운 글을 잘 쓰는 사람 말입니다. 글쓰기는 나를 발견하고 나를 위로하는 일입니다.

단어 만들기

동사와 명사

　동사와 명사 중에서 어떤 말이 먼저 생겼을까가 어원을 연구하는 사람에게는 흥밋거리입니다. 구체적인 사물을 보고 동작에 해당하는 말을 만들지 않았을까 하는 생각과 사람의 동작을 보고 거기에 해당하는 구체적 명칭을 붙이지 않았을까 고민하는 것입니다. 처음에는 명사와 동사의 형태도 구별되지 않았을 겁니다. 명사로 동사의 역할도 함께 할 수 있었던 것입니다. 따라서 무슨 품사라고 이야기하는 것이 오히려 부정확할 수 있습니다. 다른 언어에도 보면 명사와 동사의 형태가 구별되지 않는 경우가 많습니다. 특히 어순이 중요한 언어에서는 어느 위치에 오느냐에 따라 명사가 되기도 하고 동사가 되기도 합니다.

말을 배우는 어린아이의 경우를 보면 말에서 명사와 동사를 잘 구별하지는 않는 듯합니다. 주로는 명사로 말하는데 동사의 느낌까지 함께 싣고 있습니다. 예를 들어 아이가 목이 말라서 '물'이라고 하면 명사를 말한 것처럼 보이지만, 실제로는 물을 달라는 의미이니까 동사인 셈입니다. 아마 인간의 언어도 최초에는 어린아이의 발달과 비슷했을 겁니다. 형태는 지금의 기준으로 말하면 명사라고 할 수 있지만, 기능은 명사이기도 하고 동사이기도 하고, 감탄사이기도 했을 겁니다. '물!'이라고만 해도 충분히 감탄의 의미가 될 수 있으니 말입니다.

우리말에서 '신다, 품다, 밟다, 빗다, 비추다'와 같은 동사는 모두 '신, 품, 발, 빗, 빛'이라는 명사에서 발달한 말입니다. 명사가 동사로 변한 것입니다. 우리말에는 이렇게 명사에서 동사로 발달한 말이 많습니다. 명사에서 형용사로 변한 경우도 많습니다. 대표적인 예는 색깔을 나타내는 말입니다. '불'에서 '붉다'가, '풀'에서 '푸르다'가 발달했습니다. '희다'는 '해'에서 온 말로 생각하고 있고, '누렇다'는 땅을 나타내는 누리와 관계가 있을 것으로 봅니다. 동사나 형용사를 가만히 들여다보면 어떤 구체적인 말에서 출발하였는지 추론이 가능합니다. 일본어의 경우도 어간이 구체적인 명사인 경우가 많습니다.

한편 우리말에서는 동사나 형용사를 명사형으로 만드는 방법이 있습니다. 주로는 음이나 기가 붙어서 명사형으로 바뀌는 경우가 있습니다. 가다를 감, 오다를 옴이라고 표현하는 것입니다. 얼다를 얼음이라고 표현하는 경우는 완전히 명사로 변한 예입니다. "날이 추워서 물이 꽁꽁 얼음이 신기하다."라고 할 때와 "얼음이 투명하다"라고 할 때의 얼음은 다른 말입니다. 앞의 얼음은 명사형이고, 뒤의 얼음은 명사입니다.

그런데 얼음이라는 구체적인 명사에서 동사 '얼다'가 된 것이 아니라 '얼다'에서 얼음이라는 단어가 만들어졌다는 점이 특이합니다. 이런 어휘가 많기 때문에 특이하다기보다는 왜 그런지 이유가 궁금하다고 하는 게 맞겠습니다. 1음절 어휘 중에 이런 표현이 많습니다. 대표적인 단어가 '꿈'입니다. 꿈은 '꾸다'에서 온 말로 보고 있습니다. '잠'도 마찬가지입니다. '자다'와 관련이 있습니다. '춤'의 경우도 '추다'에서 온 말입니다. 인간에게 아주 원초적인 어휘인데, 동사의 사고를 먼저 하고 있다는 점에서 선조의 생각에까지 거슬러 올라가 보게 됩니다.

이러한 단어들의 공통점은 왠지 구체적인 느낌보다는 추상적인 느낌이 강하다는 것입니다. 동작이나 모습의 느낌이 나는 어휘들입니다. 아기가 잠을 잔다고 표현하기도 하지만 아기가 잔다고 표현하면 되는 겁니다. 이런 표현이 반복되면서 좀 더 구체적으로 표현할 필요성이 생긴 것 같습니다. 그래서 '어젯밤 꾸었어.'가 아니라 '어젯밤 꿈을 꾸었어.'로 표현하게 되었을 겁니다. '잘 추는데.'를 '춤 잘 추는데'로 조금 더 구체적으로 표현하려고 한 것입니다.

명사인 단어를 보면서 이 말은 구체적이었을까를 고민해 보는 것은 흥미로운 일입니다. 특히 동사와 관련이 깊은 어휘를 보면서 우리의 선조는 구체적인 대상으로 인식하였을지, 동작이나 모습으로 인식하였을지 생각해 보는 것은 재미있는 일입니다. 반대로 동사나 형용사의 어간에서 명사의 뿌리를 찾는 것도 흥미롭습니다. 명사와 동사의 관계를 살피는 일은 마치 시간 여행을 떠나고, 선조의 생각을 만나는 기회가 될 겁니다.

소리와 느낌 그리고 꽃

우리말에서 된소리나 거센소리는 주로 강하거나 거친 느낌을 담고 있습니다. 그래서 우리말을 순화하여 사용하자고 주장하는 사람들은 된소리 발음이나 거센소리 발음을 줄이자고 이야기하기도 합니다. 국어 연구자들은 된소리와 거센소리를 후대에 발달한 음으로 보고 있습니다. 그렇다면 옛날에 비해서 현대에 사람들이 훨씬 드세고 거칠어진 걸까요? 전쟁이 끝나고 나면 된소리의 어휘가 더 많이 생긴다는 의견도 있습니다. 글쎄요. 전쟁 때문에 된소리나 거센소리가 더 많이 생겼다면 한국 전쟁 이후의 어휘 변화를 살펴봐야 하겠네요. 하지만 몇몇 어휘에서 그러한 현상이 있을 수 있겠으나 일반적 현상으로 보기는 어려울 겁니다.

한편 된소리나 거센소리가 소리를 명확하게 들을 수 있도록 청각영상(聽覺映像)을 뚜렷하게 만들기 위한 방안이었다는 데는 찬성할 수 있을 것 같습니다. 바닷가 방언에 된소리나 거센소리가 많다는 연구를 본 적이 있습니다. 처음에는 청각영상을 강화하고, 강조하기 위해서 말을 세게 했던 것이 새로운 음소의 자격을 얻으면서 분화의 과정을 맞게 되었을 겁니다. 발음이 사람의 성격을 거칠게 만든다고는 할 수 없을 것 같습니다. 발음이 사람을 거칠게 만든다면 그 발음을 쓰는 모든 사람이 그렇게 되어야 할 겁니다. 하지만 그런 일은 일어나지 않습니다. 오히려 말을 재미있게 하려고 발음을 세게 눌러 된소리로 하는 경우도 있습니다.

옛 자료를 보면 지금은 된소리인 어휘가 전에는 예삿소리인 경우도 많습니다. 용비어천가에 보면 '뿌리'는 '불휘'로, '꽃'은 '곶'으로 나타납니다. 우리말에서 된소리가 거친 느낌을 담기도 하지만 전혀 그렇지 않은 경우도 있습니다. 대표적인 예가 조금 전에 이야기한 '꽃'입니다. 꽃이 아무리 된소리라고 해도 아름다운 느낌은 사라지지 않습니다. '곶'이라고 해서 아름답고 '꽃'이라고 해서 아름답지 않은 것은 아니라는 말입니다. 소리가 달라져도 꽃의 본질은 우리 속에 그대로 남아있습니다. 꽃은 아름답고 기쁜 겁니다. 보고 있으면 행복하고 즐겁습니다.

꽃은 다 다르다

봄이 오면 사람들은 꽃을 떠올립니다. 아무래도 봄은 꽃의 계절이라는 생각을 하는 것 같습니다. "봄이 오면 산에 들에 진달래 피고" 노래를 부릅니다. 산수유꽃이 피고, 목련꽃이 피고, 개나리꽃이 핍니다. 하지만 꽃은 봄에만 피는 것은 아닙니다. 소월의 시에서도 "산에는 꽃 피네, 꽃이 피네 갈 봄 여름 없이 꽃이 피네"라고 하며 때에 따라 달리 피는 꽃을 이야기하고 있습니다. 꽃은 저마다 다르게 피어납니다. 시기도 다르고 피는 방식도 다릅니다. 하는 역할도 다르고 심지어 떨어지는 방식도 다 다릅니다. 잎보다 먼저 피는 꽃도 있습니다. 목련은 잎보다 꽃이 먼저 피어 황홀함과 허무함을 줍니다. 봄에 피는 꽃은 이렇게 화려함과 허무함이 교차합니다.

한겨울 추위를 뚫고 피는 꽃도 있죠. 왜 동백이나 매화는 좋은 시절 두고 한겨울부터 꽃 피울 준비를 할까요? 덕분에 우리는 아직 봄이 오지 않았는데도 꽃을 만나 기뻤지만 말입니다. 종종 늦가을에 핀 동백을 만나기도 합니다. 마치 늦가을을 봄으로 착각하게 만듭니다. 꽃이 날씨에 속아서 핀 것이겠지만 말입니다. 무더위 속에서 피어나는 꽃도 있습니다. 여름 장미, 해바라기, 나팔꽃은 태양을 닮은 듯합니다. 탁한 연못 위로 다소곳이 자리하는 연꽃이나 정자를 둘러싼 배롱나무는 또 다른 느낌입니다. 가을에 서늘해지면서 피기 시작하는 꽃도 있습니다. 국화가 대표 주자네요. 우리에게 먹거리를 주면서 꽃으로도 기쁨을 주는 메밀꽃, 배꽃은 어떤가요? 메밀꽃 가득한 밭에서 하늘을 벅찬 마음으로 바라보았던 기억이 납니다.

꽃과 우리말

우리말에서 꽃에 해당하는 어휘를 살펴보면 재미있는 현상을 발견하게 됩니다. 꽃 이름에는 꽃이 들어가지 않는 경우가 많다는 것입니다. 한자로 된 꽃 관련 어휘에는 꽃 화(花)를 쓰는 경우가 많습니다만 우리말에는 굳이 붙이지 않아도 꽃임을 알게 합니다. 물론 꽃이라는 말이 붙어있거나 정확하게 표현하려고 한 번 더 꽃을 붙이는 경우도 있습니다. 우리 꽃 이름에는 어떤 게 있나요? 머릿속에 떠오르는 순서가 내가 좋아하는 꽃의 순서이거나 내가 가깝게 생각하는 순서일 겁니다. 우리나라 사람들에게 아는 꽃 이름을 물어보면 주로 비슷한 순서로 대답을 합니다. 아무래도 문화를 함께하기에 생각도 닮아있는 것이겠죠.

저는 개나리, 진달래, 철쭉 등이 먼저 생각났습니다. 그러고는 찔레꽃이나 나팔꽃 등도 생각이 납니다. 앞에 생각난 것에는 꽃이 없는데 뒤에 생각난 것에는 꽃이 붙어 있네요. 나팔꽃처럼 무언가에 비유를 하여 만든 꽃 이름에는 꽃이 붙을 수밖에 없을 겁니다. 안개를 닮은 안개꽃, 붓을 닮은 붓꽃처럼 말입니다. 열매가 있는 꽃도 열매와 구별하기 위해 꽃 이름을 붙여야겠네요. 호박꽃이나 메밀꽃, 배꽃처럼 말입니다. 벚꽃도 버찌 꽃의 의미라고 할 수 있습니다. 어쩌면 개나리, 진달래가 먼저 생각난 것은 꽃이 함께 쓰이지 않아도 되는 어휘여서 그랬을 수도 있겠습니다. 개나리꽃, 진달래꽃이라고 표현하는 경우도 있지만 그건 굳이 덧붙인 말이라고 할 수 있습니다. 한자 어휘 중에는 장미나 백합처럼 '화'가 들어가지 않는 경우도 있지만 국화, 무궁화, 해당화처럼 '화'가 들어가는 경우가 많습니다.

꽃 중에는 재미있는 이름도 있습니다. 제가 좋아하는 꽃 이름은 '바람꽃'입니다. 유래를 찾아보면 외국의 꽃 이름을 참조한 듯합니다만, 바람과 꽃이 만나서 예쁘면서도 쓸쓸한 이름이 되었습니다. 바람꽃은 모습도 이름처럼 단아한 아름다움을 보여줍니다. 혹시 모르신다면 찾아보시면 좋겠습니다. 바람꽃이나 안개꽃은 꽃을 자연에 비유한 것이지만, 반대로 꽃이 아닌데 자연을 꽃으로 비유한 이름도 있습니다. 대표적인 게 눈꽃이겠죠. 눈이 나무에 달려있으면 정말 꽃 같기도 하고, 꽃보다 아름답기도 합니다. 눈꽃은 핀다고 표현하는데, 눈이 온 날 아침이면 눈은 나무에서 그대로 꽃이 됩니다. 눈이나 서리, 이슬이 추위에 얼어붙으면 얼음 꽃이 됩니다. 종종 눈물처럼 빛이 납니다. 슬프게 아름다운 꽃입니다. 눈이 부십니다.

우리를 행복하게 하는 꽃

그러나 무엇보다도 저를 행복하게 하는 꽃은 웃음꽃입니다. 웃음을 꽃으로 비유한 것도 재미있습니다. 웃음이 피어난다고도 말하는데, 당연히 웃음이 꽃이라는 생각에서 표현한 말입니다. 웃음은 본인뿐 아니라 서로를 즐겁게 합니다. 웃음은 기쁨의 표시이기도 하지만 공감의 표시이기도 합니다. 자기의 일이 좋아서 웃기도 하지만 다른 이의 말이나 행동에 웃기도 하는 겁니다. 생각해 보면 내가 즐거운 것은 다른 사람도 즐겁기 때문입니다. 다른 사람이 즐겁지 않은데 나만 기쁘면 이상한 일이지요.

　그래서일까요? 웃음꽃은 주로 한 송이만 피는 게 아닙니다. 혼자서는 웃음꽃을 잘 못 피웁니다. 혼자서 웃음꽃을 피우면 사람들이 이상하게 바라볼 겁니다. 가족이나 친구의 모임에서 웃음꽃이 피어납니다. 서로 나누는 이야기도 꽃이 됩니다. 그래서 우리는 이야기꽃이라고 합니다. 이야기꽃도 혼자는 피울 수 없습니다. 서로의 이야기가 즐겁고, 서로를 아끼는 마음이 꽃이 됩니다. 웃음소리가 담을 넘고 세상도 즐거워집니다. 웃음꽃이 피는 가족, 마을, 세상을 꿈꿉니다. 서로의 이야기에 귀 기울이고 기뻐하는 웃음꽃 세상 말입니다. 그리고 웃음꽃이 웃음을 꽃으로 비유한 것이니 이처럼 예쁘고 행복한 비유가 많아지면 좋겠습니다. 사랑 꽃은 어떤가요? 행복 꽃은 어떤가요? 기쁨 꽃은 어떤가요? 이런 꽃이 여기저기 많이 피어난다면, 우리 사는 이 세상이 그대로 아름다운 꽃밭입니다.

호칭과 감정

엄마, 어머니

철이 든다는 의미를 설명하는 글을 읽다가 아빠를 아버지라고 부를 때 철이 드는 게 아니라 아버지를 아빠라고 부르고 싶을 때 철이 드는 것이라는 내용(정철, 『한 글자』)을 보고 무릎을 쳤습니다. 무릎을 쳤다고 표현했지만 실제로는 가슴을 쳤다는 말이 맞을 겁니다. 어린 시절이 지나가면 어른이 되는 것처럼 쉽게 말을 하지만 실제로는 청년의 모습에서 자신을 조금씩 놓게 되는 시간이 오히려 어른이 되는 시간이 아닌가 합니다.

아빠를 아버지라고 부르는 것에는 교육이라든지 제도라든지 하는 것에 떠밀려온 느낌이 있지만 아버지를 아빠라고 부르고 싶은 것에는 이해와 고마움의 감정이 따뜻하게 느껴집니다. 말 그대로 철이 드는 것이죠. 주로 아버지를 아빠라고 부르고 싶은 마음에는 어린 시절의 추억도 한몫을 할 겁니다. 조금 더 다정하게 다가가고 싶은 마음이 있는 겁니다. 그래서일까요? 아버지를 아빠라고 부르는 순간 뭉클해짐을 느낄 수 있습니다. 주르륵 눈물이 흐르기도 합니다. 특히 이제 힘이 없어진 아버지 앞에서는 아빠라는 단어가 더 아픈 말이 됩니다. 어쩌면 계속 아빠라고 불렸던 사람에게는 이런 감정의 변화가 없을 듯합니다. 아빠라고만 불렸던 사람에게는 오히려 아버지라고도 불러볼 것을 권합니다. 새로운 감정의 변화가 있을 수 있겠네요.

　저의 경우는 아버지를 아빠라고 부른 기억이 없습니다. 아마 아주 어렸을 때는 아빠라고 불렀는지 모르겠습니다만 아무튼 기억 속에는 없는 일입니다. 그래서 아버지를 아빠라고 부르는 것은 저에게는 쉽지도 않고 불가능해 보입니다. 우리 사회에서 아버지는 엄하고 약간은 거리를 두어야 하는 존재로 생각하였을 수도 있습니다. 그렇게 우리 속에서 제도화되었을 수 있습니다. 예전의 아버지들도 참 힘드

셨을 겁니다. 자상한 아빠가 되고 싶어도 사회적 분위기가 엄한 아버지, 권위적인 아버지를 요구하였기 때문입니다. 요즘엔 딸 바보, 아들 바보라는 말을 들을 정도로 아빠는 달라지고 있습니다.

한편 제가 엄마를 어머니라고 부른 것은 대학교에 입학하자마자였습니다. 대학생이니까 더는 어린아이가 아니라는 생각에 어머니라고 부르겠다고 선언을 했던 것입니다. 무언의 사회적 압력이 제 속에 들어와 있었나 봅니다. 성인이 되면 그에 맞는 호칭을 사용해야 한다는 생각이 있었던 거죠. 그 이후 저는 실수로 엄마라고 한 경우를 제외하고는 어머니라고 불러 왔습니다. 그렇게 30여년의 세월이 지나갔습니다.

저는 제가 철이 일찍 들었다고 생각하였습니다. 아직도 엄마라고 부르는 친구들을 보면서 '언제 철이 들 건가.'라고 생각하기도 했습니다. 그런데 어머니라고 부르다 보니 왠지 거리감이 있다는 느낌이 들었습니다. 좀 더 다정히 어머니를 대하지 못하였다는 생각이 든 겁니다. 갑자기 어머니를 엄마라고 부르고 싶어졌습니다. 남은 시간에는 좀 더 가까이 다가가고 싶다는 생각도 들었습니다. 사실 저는 맏아들이어서 그런지 부모님께 살갑게 대하지 못하였습니다. 손도 잡아드리고, 팔다리도 더 주물러 드렸어야 하는데 그러지 못했습니다.

얼마 전에 어머니를 뵈었을 때, 엄마라고 불러 봐야겠다고 생각하고 슬쩍 엄마라고 불러보았습니다. 호칭이 바뀐 것을 눈치 못 채신 것 같았습니다. 다행입니다. 동생들이 여전히 엄마라고 부르기 때문에 덜 어색하셨을 수 있습니다. 엄마라고 부르고 나니까 자연스럽게 엄마의 저린 다리를 주무르게 되었습니다. 자연스럽게 엄마의 손을 잡고 걷게 되었습니다. 자연스럽게 엄마의 어린 시절 이야기도 듣게 되었습니다. 엄마와 더 가깝게 마주하게 되었습니다. 엄마, 정말 고맙습니다.

누구 아빠, 누구 엄마

우리말을 가르치다보면 호칭과 지칭이 참 어렵습니다. 다른 사람을 부를 때도 어렵지만 자신을 가리킬 때도 어렵습니다. 사회적인 관계 속에서는 자신을 소개하는 경우에 자신의 이름을 말하거나 지위를 말하면 됩니다. 예를 들어 저 같은 경우는 "경희대학교 교수 조현용입니다."라고 자신을 가리키고 소개합니다. 다른 사람이 저를 부를 때는 "조 교수님"이라고 하는 경우가 많습니다. 좀 딱딱하죠. 그렇지만 굳이 자신의 지위나 이름을 드러내지 않아도 되는 경우도 많습니다. 친한 사람끼리 부를 때는 더욱 그렇습니다. 친척이나 친구, 가족의 경우에도 그렇습니다. 나이가 먹을수록 친구, 친척 간에도 상대의 이름을 직접 부르는 것보다 다른 호칭이나 지칭을 찾게 됩니다. 우리는 이름 부르는 것을 좀 어색해하는 문화입니다.

전통적으로도 우리는 결혼을 하고 아이가 생기면, 부모님은 결혼한 자식을 '누구 아비, 누구 어미'라고 불렀습니다. 부부끼리도 누구 엄마, 누구 아빠라고 부릅니다. 저도 아내를 해민 엄마, 민재 엄마라고 부릅니다. 친한 친구끼리는 이름으로 부르기도 하지만 누구 엄마, 누구 아빠라고 부르는 경우도 많습니다. 아이의 이름을 넣어서 부를 수 있는 사이는 친하다는 증거가 되기도 하는 것 같습니다. 일단 서로의 가족에 대해서 잘 알아야 부를 수 있는 호칭이 아닐까 합니다. 당연한 이야기겠지만 아이가 있는지, 이름이 뭔지, 어떤 아이인지 알아야 부를 수 있는 호칭이니 말입니다.

그래서 결혼을 하고, 아이가 있는 경우라면 가장 쉽게 불리는 호칭이 누구 엄마, 누구 아빠인 것 같습니다. 그런데 종종 이런 호칭이 나 자신을 잃게 만드는 호칭으로 평가받기도 합니다. 특히 여성의 경우에는 자신의 이름으로 불리지 못하고 늘 누구의 엄마로 살아야 했다고 말하기도 합니다. 자신을 잃게 되었다는 의미입니다. 일리가 있는 말이기는 합니다만, 어떤 장면에서 쓰이느냐에 따라 이런 평가는 달라져야 할 것 같습니다. 아빠, 엄마로서의 삶이 중요한 순간에는 누구의 엄마, 누구의 아빠라는 말만큼 벅찬 표현이 없습니다. 생각해 보면 참 고마운 표현입니다.

　　학부모 모임에 가면 당연히 자기의 이름보다 누구의 엄마 아빠인지가 중요합니다. 그래서 그 모임에 가는 거니까 말입니다. 그런 곳에서도 가끔 지위를 드러내는 호칭을 사용하기도 합니다만, 왠지 학부모 모임에는 맞지 않는 말이라는 생각이 듭니다. 모임이 아니고 아이 친구의 부모와 사적으로 만나는 경우도 굳이 자신의 직업이나 지위를 이야기할 필요는 없습니다. 지위나 직업이 중요해지는 순간, 그 만남은 목적이 생기기도 합니다. 그냥 누구의 엄마아빠로 만나면서 서로 따뜻한 정을 나누는 게 제일 행복합니다.

저는 가까운 사람이 서로를 누구의 엄마아빠라고 부르는 이유를 곰곰이 생각해 보았습니다. 왜 그렇게 부를까요? 모든 언어에서 그렇게 부르는 건 아닙니다. 어쩌면 한국어의 독특한 현상이라고 말할 수도 있습니다. 그냥 상대의 이름을 부르거나 직업, 지위를 호칭, 지칭으로 삼는 경우가 많습니다. 저는 가까운 사람일수록 누구의 엄마아빠라고 부르는 것은 상대에게 가장 중요한 게 어쩌면 이름이나 지위가 아니라 누구의 엄마, 누구의 아빠여서 그런 게 아닐까 하는 생각이 들었습니다.

특히 부부의 경우는 더욱 그러합니다. 우리 부부를 더욱 특별하게 해주는 것은 아이입니다. 부부는 둘만으로도 더없이 소중한 존재입니다만, 아이가 생기고 나면 우리는 그 아이의 부모가 되므로 더 특별해집니다. 그래서 부부끼리도 서로를 누구 엄마, 누구 아빠라고 부르게 됩니다. 저는 이 말을 부르고 들을 때마다 우리가 얼마나 서로에게 특별한 존재인지를 깨달았으면 좋겠습니다. 그리고 하나 더 덧붙이자면 아이가 둘 이상의 경우라면 아이들의 이름을 골고루 넣어서 이름을 불러주면 좋겠습니다. 가끔 아이들이 서운해하는 경우도 있으니 말입니다. 해민아빠, 민재아빠처럼.

어휘와 감정

어휘 연상, 긍정의 언어

　새벽에 일찍 깨면 괴로울 때가 많습니다. 새벽에 머릿속을 파고드는 생각은 온통 잡념(雜念)입니다. 잡념과 씨름하다가 일어나면 하루가 불편하고 무겁습니다. 저는 잡념이 가득할 때면 주로 복식호흡을 합니다. 예전에 배운 단전호흡(丹田呼吸)을 해보는 건데 잘하고 있는지는 잘 모르겠습니다. 평소의 호흡과 반대로 하는 것이어서 약간 힘이 들기도 합니다. 언제나 반대로 하는 건 어렵습니다. 습관을 거스르는 게 쉬운 일이 아닙니다.

　그래도 복식호흡에는 잡념이 조금씩 사라지고 스르르 잠이 다시 들게 하는 효과는 있습니다. 그리고 전혀 기대하지

않았는데 복근이 생기는 부수적 효과도 있습니다. 잡념이
사라지지 않으면 꽤 오랜 시간을 복식호흡에 집중하게 되
는데 그러다보니 뜻밖에 배의 근육이 단단해졌습니다. 뱃
살도 좀 빠졌고요. 잡념도 때론 긍정적입니다. 몸 깊은 곳
에 에너지가 모이는 뜨거움도 느끼게 됩니다.

어느 날인가 또 새벽에 깨어 괴로운 생각 속에 떠돌다가
문득 긍정적인 어휘를 떠올려보면 어떨까 하는 생각이 들
었습니다. 긍정적인 에너지를 줄 수도 있겠다는 생각이 든
겁니다. 긍정적 어휘가 우리 몸에 밝은 에너지를 줄 수 있겠
죠. 회복탄력성과 관련된 책에서 감사한 일을 일기처럼 적
는 일만으로도 심리의 회복탄력성이 생긴다는 연구를 본
적도 있습니다. 마찬가지의 측면에서 본다면 좋은 어휘를
떠올리는 건 나의 상태를 가볍고 밝고 맑게 만들어줄 것이
라 기대가 되었습니다.

어떤 어휘가 먼저 떠올랐을까요? 저에게는 '행복하다'가
제일 먼저 떠오르네요. 늘 행복했으면 좋겠습니다. 그래서
일까요? 잠깐 미소가 입가에 생겼다가 씁쓸함으로 바뀌었
습니다. 왜냐하면 늘 행복하기란 쉬운 일이 아니기 때문입

니다. 오히려 잠깐의 행복과 긴 괴로움이 우리의 인생이 아닐까 하는 생각도 들었습니다. 행복하다의 뒤로 '기쁘다, 고맙다, 반갑다, 좋다' 등의 단어가 줄을 잇네요. 얼굴에 미소가 커집니다. 긍정적인 단어가 참 많네요. 기쁜 일이 많다면 행복하겠죠. 고마운 일이 많은 것도 좋은 일이죠. 반가운 사람을 만날 생각을 하니 설렙니다. 다 좋은 일이네요.

그런데 예쁘다, 사랑하다에서 단어를 잇지 못하고 잠시 멈췄습니다. 생각이 많아집니다. 사랑하다는 긍정적인 단어일까요? 당연히 긍정적일 것 같은데 왜 사랑을 떠올리면 아프기도 할까요? 사랑하는 일은 기쁘면서도 아픈 일입니다. 사랑은 때로 우리를 아프게 합니다. 어쩌면 사랑하기 때문에 더 아프기도 합니다. 바로 뒤따라 '보고 싶다', '그립다'는 단어가 이어집니다. 분명히 긍정적인 단어인데 점점 더 아파옵니다. 긍정이 늘 기쁜 건 아닙니다.

그립다는 말에서 '슬프다'로 넘어갑니다. '아프다'로 넘어갑니다. 이제 '서럽다'도 따라옵니다. 힘들다는 말도 어렵다는 말도 눈물과 함께 한꺼번에 떠오릅니다. 그러면서도 다시 고맙다가 떠오르는 건 왜일까요? 다시 행복하다가 떠오르는 건 왜일까요? 우리의 긍정에는 아픔과 고통이 묻어 있습니다. 그래서 더 미안하고 고맙습니다. 긍정의 언어에 담긴 슬픔을 만나고 나서 긍정이 더 커졌습니다.

비속어 - 욕과 감정

　우리말은 욕에 관해서는 좀 특이한 언어인 듯합니다. 욕을 아주 불편하게 생각하지 않고, 욕을 친근감의 표시로 생각하는 경우도 있다는 점입니다. 욕쟁이 할머니가 전통의 상징이고, 그리움의 상징이 되니 말입니다. 외국인의 경우에 한국 사람이 친할수록 욕을 하는 경우가 있다는 말이 정말 이해가 안 된다고 합니다. 생각해 보면 그럴 것 같습니다. 친한데 왜 욕을 할까요?

　언제부터인가 저에게 제일 어려운 일이 욕을 하는 겁니다. 학창시절에는 욕을 입에 달고 살았는데, 어느 순간부터는 욕이 어렵습니다. 저도 욕을 잘했습니다. 쉼 없이 입에서 욕이 튀어나왔지요. 속사포처럼 말입니다. 이제 욕을 하지 않는 것은 욕을 할 일이 없어서가 아닙니다. 욕을 할 일이 생겨도 그저 점잖은 말투로 몇 마디를 하곤 합니다. 화를 내기도 하지만 이미 욕은 빠진 말입니다. 욕 없는 화라고 할 수 있겠네요.

　어떨 때는 발음마저 정확한 표준어로 화를 냅니다. "저러면 안 되지?"라는 훈계와 적절한 비판과 분석이 뒤따릅니다. 때로는 껄껄대며 너털웃음을 웃기도 합니다. 마치 무언가에 통달하였거나 경지에 오른 사람처럼 말입니다. 욕이 정말 힘들어졌습니다. 내게 어울리지 않는 옷이나 장식이 되어버린 느낌입니다. 욕으로 감정을 표현하는 일은 내 삶에서 빠져나간 것 같았습니다.

그러던 어느 날 나를 오해하고 의심하는 상황에 처하는 무척 불쾌한 일이 있었습니다. 그날도 역시 욕은 나오지 않았습니다. 아무리 화가 나도 남에게 욕을 할 수는 없는 노릇이었죠. 예전의 내가 아님을 잘 알고 있기에 함부로 감정을 쏟아낼 수는 없는 거였습니다. 괴로움은 여러 가지 변화를 만듭니다. 잠도 잘 안 오고, 밥도 먹히지 않는 몇 날 며칠이 지나갔습니다. 또 몇 날 며칠이.

욕망이 사라지는 건조한 경험 속에서 감정도 점점 메말라감을 느꼈습니다. 그때 나도 모르는 사이에 욕이 터져 나왔습니다. 마치 종교에서 방언이 터지듯 주체할 수 없는 일이었습니다. 내 속에 머물러 있던 썩은 감정이 터져 나온 겁니다. 아직 욕이 내 속에 살아있었다는 사실에 웃음이 나기도 했습니다. 깜짝 놀랐지만 튀어나오는 것을 어쩔 수는 없었습니다. 그래도 다행이라고 해야 할 것은 주변에 아무도 없었다는 겁니다.

그런데 놀라운 일이 일어났습니다. 그날 저녁 밥이 맛있어진 겁니다. 그날 밤 전보다는 조금 더 길게 잠을 자게 된 겁니다. 하고 싶은 일이 떠오르고, 만나고 싶은 사람이 생겼다는 것도 놀라운 일이었습니다. 눌려있던 감정이 터지면서 억눌린 욕망도 밖으로 나온 겁니다. 스스로를 가두고 살아가는 일이 많았구나 하는 생각이 들었습니다. 가끔은 내 힘든 감정에도 문을 열어주어야 하겠습니다.

욕은 종종 욕망을 일으키는 힘이 되기도 하는 것 같습니다. 감정을 시원하게 만듭니다. 물론 욕이 일상화되어 있는 사람은 이런 감정을 느끼기 어렵겠지요. 욕을 너무 많이 하는 사람은 욕을 줄이기 바랍니다. 그래야 욕의 효용성을 맛보게 됩니다. 가끔씩 터져 나오는 욕은 내 감정이 살아있음의 표시이기도 합니다. 앞으로도 욕이 자주 터져 나오지는 않겠지요. 자주 할 수 있기를 바라지도 않습니다. 자주 욕이 터져 나온다는 말은 자주 괴로운 일이 생긴다는 뜻일 테니 말입니다. 그래도 가끔은 터져 나온 욕에 웃을 수 있기를 바랍니다. 그런 욕은 괜찮지 않을까요?

'프다'의 세상

'프다'라는 말은 우리말에 없는 단어죠. 정확하게 말하면 '슬프다'나 '아프다' 속에 들어있는 표현입니다. 그런데 더 정확하게 말하면 원래는 '프'가 아니고 '브'입니다. 앞 받침의 히읗이 연결되어 '프'로 발음 난 것이라고 할 수 있습니다. '앓다'에 '브'가 붙어 아프다가 되고, '슳다'에 '브'가 붙어 슬프다가 된 겁니다. 그런데 '프'로 발음되는 말을 보다가 '그 속에 힘든 감정과 관련 있는 어휘가 많구나' 하는 생각이 들었습니다. 생각지도 못했던 공통점입니다.

물론 아픔, 슬픔, 배고픔 그리고 하고픔. 모두 우연의 일치일 겁니다. '픔'이라는 말이 들어가는 단어가 저마다의 사연을 안고 있음은 우연으로 볼 수밖에 없겠죠. 주로 세상을 살면서 안 만나거나 덜 만났으면 하는 말에 '픔'이 들어가는 경우가 많습니다. 하지만 안 만날 수는 없겠죠. 안 만나기를 바라는 것은 애초에 불가능한 소망이니 품지도 말아야 할 겁니다.

아프지 않고 자라는 경우가 없고, 슬프지 않고 기쁨을 알기 어렵습니다. 단순히 말해서 배고픔보다 맛있는 반찬이 없습니다. 시장이 반찬이라는 말이 그래서 나왔습니다. 시장하면 정말 밥이 꿀맛입니다. 반면 아무리 맛있는 음식이라도 배불렀을 때는 먹기 싫은 게 당연한 이치입니다. 배가 고프면 뭐든지 맛있다는 말은 한편으로 슬픔과 아픔에도 위로가 되는 말입니다. 아픔이나 슬픔은 지금은 힘들지만 지나고 나면 행복의 기초가 됩니다.

처절하게 아파본 사람이 행복을 압니다. 아이들은 아프고 나서 한 뼘 더 자라납니다. 키도 크고 몸무게도 늘어납니다. 어떤 경우에는 아기가 말을 하기도 하고, 걷기도 합니다. 아픈 만큼 성장한다는 말은 아이를 키워본 사람이면 누구나 아는 이야기입니다. 수많은 경험담이 있겠죠. 그런데 문제는 아픔이 더 큰 문제로 자랄 수도 있다는 점입니다. 성장을 위한 아픔인지, 더 큰 고통의 예고인지 알기가 어렵다는 점은 우리에게 상상하기 어려운 고통을 줍니다. 아이가 큰 병에 걸린 사람에게 아픈 만큼 성장한다는 말은 도움이 안 되는 위로일 겁니다.

슬픔은 경우가 좀 다릅니다. 다시 마음이 회복되는 슬픔도 있지만 그 자체로 끝인 경우도 있습니다. 부모님이나 가까운 친구와의 영원한 이별은 말할 수 없는 슬픔입니다. 하지만 슬픔을 통해서 세상을 바라보는 힘이 커진다는 점은 슬픔이 주는 깨달음이라고 할 수 있을 겁니다. 끝 간 데 없이 슬퍼본 사람이 세상을 알게 됩니다. 물론 그러지 않고 알 수 있다면 좋겠지만 말입니다.

요즘 주변에 힘든 사람이 참 많습니다. 생각지도 못했던 슬픔과 아픔이 한가득입니다. 저마다의 사연에 눈물이 흐릅니다. 가장 좋은 위로는 같이 울어주는 것임을 압니다. 흐느끼는 어깨를 토닥이고 감싸주는 것만한 위로가 없을 겁니다. 슬픔은 싫은 거지 나쁜 게 아닙니다. 슬픔은 이겨내는 거여야지 상처가 되어서는 안 됩니다. 아픔과 슬픔이 행복으로 가는 시작점이기 바랍니다.

아픔과 슬픔을 이겨내야 그다음 '고픔'이 일어납니다. 보고픔, 사랑하고픔, 살고픔 등등. 눈물 나게 사랑하고픈 세상을 다시 만나게 됩니다. 최근에 저는 아픈 사람을 만나서, 슬픈 사람을 만나서 참 마음이 아팠습니다. 참 슬펐습니다. 서로에게 위로가 되는 삶이었으면 합니다.

수와 감정

오만(五萬)이라는 숫자

우리는 숫자를 보면서도 생각에 잠깁니다. 숫자에는 우리의 감정이 담겨있기도 합니다. 특히 큰 숫자를 말할 때는 간절함이 담기기도 합니다. 어느 정도면 큰 숫자일까요? 보통은 백(100) 정도만 되어도 아주 많다는 생각을 하게 되는 것 같습니다. 백화(百花)가 만발하였다는 말을 보면 그런 느낌이 납니다. 백이 들어가는 표현이나 고사성어도 많습니다. 우리말에서도 백에 해당하는 고유어 '온'은 많음을 의미합니다. 종종은 전부를 의미하기도 합니다. '온갖'이라는 말은 원래 백 가지라는 뜻이었지만 거의 모든 것이라는 의미로 쓰입니다. 온통이나 온 누리, 온 마을은 전부를 의미합니다.

그런 면에서 볼 때 천(1,000)은 엄청나게 큰 숫자입니다. 천불천탑(千佛千塔)이라는 말에서 간절함을 느낄 수 있습니다. 천불천탑은 천 개의 부처님 상과 천 개의 탑을 의미합니다. 아무리 많아도 1000개나 될까 하고 이 말이 과장이 아닐까 생각하는 경우가 있는데 실제로는 오히려 1000개가 넘는 경우가 많습니다. 인간의 정성은 참으로 끝이 없는 듯합니다. 천수관음(千手觀音)이라는 말에서도 손이 천 개나 있다는 의미를 발견하게 됩니다. 불가능한 이야기지만 '천 년'을 살고 싶다는 꿈을 꾸기도 합니다. 한편 3000이라는 숫자도 자주 등장합니다. 삼천은 불교적인 용어로 알고 있습니다만, 삼천 리 금수강산에 삼천만의 백성이 우리나라에 살고 있다고 이야기하던 시절이 있었습니다.

점점 숫자가 커집니다. 만(10,000)은 상상 자체가 어려운 숫자입니다. 사람이 만 명 모이면 어떤 느낌이었을까요? 사람이 만 살까지 사는 것은 상상의 한계를 의미했을 겁니다. 만세(萬歲)라는 말은 그래서 무한의 느낌이 있습니다. 대한독립만세의 느낌은 어떤가요? 만물(萬物)이라는 말의 느낌은 어떤가요? 만물은 모든 것을 다 포함하는 느낌입니다. 인간을 만물의 영장이라고도 하죠. 만은 모든 것이면서 영원하다는 의미를 담고 있는 듯합니다.

그런데 놀랍게도 우리는 오만(50,000)이라는 숫자를 일상생활에서 자주 사용하고 있습니다. 하나는 '오만상(五萬相)'이라는 표현입니다. 보통 오만상을 쓴다고 표현하는데 오만 가지 인상(人相)을 쓴다는 말입니다. 인간의 감정과 표정이 얼마나 다양한지를 보여주는 표현일 겁니다. 그런데 보통 오만상은 좋을 때 쓰는 표정이 아니라는 점에서 우리의 슬프고 괴로운 감정이 얼마나 복잡한 것인지 깨닫게 됩니다. 세상을 살다보면 슬프고 괴로운 일이 참 많기도 합니다.

새벽에 잠이 깨면 여러 생각에 괴로울 때가 있습니다. 이럴 때 우리는 '오만 가지' 생각을 한다고 합니다. 별의별 생각에 괴로운 것이겠지요. 지금 하지 않아도 되는 수많은 생각이 떠올랐다가 가라앉습니다. 지나가지 않고 머무르는 경우도 있습니다. 박혀도 있습니다. 필요하지 않은 생각도 참 많네요. 쓸데없는 걱정도 몰려듭니다. 그럴 때 우리는 바로 오만상을 쓰게 됩니다. 오만 가지 생각이 만들어내는 오만 가지의 인상입니다. 종종은 꿈속에서도 오만상을 씁니다. 가엾게도 우리는 잘 때마저 인상을 쓰고 자고 있는 겁니다. '오만소리'를 하는 경우도 있습니다. 정말 많은 소리네요. 잔소리를 더 잘게 부수어 상대에게 던지는 걸까요? 소리의 날카로운 조각이 서로에게 날아가 상처를 줍니다.

저는 오만이라는 숫자를 보면서 인간의 감정과 괴로움을 만납니다. 우리의 감정은 시시각각 변하고, 이렇게 변한 감정은 우리에게 헤어나기 어려운 괴로움을 줍니다. 하지만 오만 가지 감정 속에 숨어있는 우리가 사랑하는 감정도 꺼내보는 연습을 하면 어떨까 합니다. 사실 우리가 쓰는 오만 상 속에는 기쁘고 행복한 표정도 있습니다. 웃는 표정이 있습니다. 힘들수록 좋은 생각, 좋은 표정이 필요합니다. 한 번 입꼬리를 올리고 웃어봅니다.

사흘 이야기

한동안 사흘이 입길에 올랐습니다. 사흘을 '4일'이라고 알고 있는 사람이 있다는 이야기였습니다. 처음에는 사흘을 4일로 알고 있는 사람이 있다는 이야기를 듣고 웃었는데, 그런 사람이 많다는 것을 알고는 좀 놀랐습니다. 사흘의 '사'와 4의 혼동이겠네요. 왜 혼동되게 만들었냐고 하는 사람도 있다던데 그것도 어이없지만 재미있는 일입니다. 갑자기 병사의 계급 순서를 '일병, 이병, 삼병'이라고 했다는 이야기가 생각납니다. 그것도 농담이었겠지요.

순우리말 수사와 한자어 수사가 비슷해 보이는 것에는 '이틀'도 있습니다. 이틀과 2가 닮아있습니다. 요즘에는 2틀이라고 쓰는 사람도 있다고 합니다. 어쩌면 그래서 사흘과 4를 더 혼동하게 되었을 겁니다. 그런데 사흘을 잘못 들어서 4일로 들었다면 이해가 가지만 사흘의 뜻을 '4일'로 알았다는 것은 아무래도 과장이 있는 듯합니다. 아무리 국어 교육에 문제가 있다고 하더라도 그 정도는 아닐 겁니다.

한자어 수사는 '일, 이, 삼, 사, 오, 육, 칠, 팔, 구, 십, 이십, 삼십, 사십' 등이지만 순우리말 수사는 '하나, 둘, 셋, 넷, 다섯, 여섯, 일곱, 여덟, 아홉, 열, 스물, 서른, 마흔, 쉰' 등으로 전혀 다릅니다. 한국어의 계통을 말할 때 다른 언어와 우리말 수사의 일치가 거의 없다는 점에서 특이합니다. 한국어와 제일 비슷하다는 일본어도 수사는 한국어와 전혀 다릅니다. 또한 한국어의 수사는 뒤의 명사를 꾸며줄 때는 모양이 약간씩 바뀌기도 합니다. '한, 두, 세, 네, 스무' 등이 그렇습니다. '석, 넉, 닷' 등으로 쓰이기도 합니다.

순우리말에서 수를 나타내는 말은 날짜를 셀 때도 찾을 수 있습니다. 그게 바로 오늘 이야기의 시작이었던 하루, 이틀, 사흘, 나흘, 닷새, 엿새, 이레, 여드레, 아흐레, 열흘 등입니다. 하루를 제외하고는 뒤에 '흘'이나 '새, 에'가 붙어 있습니다. 새와 에는 서로 관계가 있다고도 할 수 있습니다. '닷'이나 '엿'에 '애'가 붙은 것으로도 볼 수 있기 때문입니다. 아무튼 수를 나타내는 '일, 사, 나, 닷, 엿, 일, 여들, 아흘, 열'의 모습을 찾을 수 있습니다. 또한 재미있는 것은 며칠이라는 말의 어원도 '몇 일'이 아니라 '몃흘'과 관련이 있다는 것입니다. 그래서 '몇 일'이라고 쓰지 않고, '며칠'이라고 쓰는 겁니다.

순 우리말 수사를 정리해 보면 '하루와 하나' '둘과 잍' '셋과 사' '넷과 나' '다섯과 닷' '여섯과 엿' '일곱과 일' '여덟과 여들' '아홉과 아흘' '열과 열'을 비교해 볼 수 있습니다. 언뜻 봐도 대부분 쉽게 연결이 가능합니다. 모습으로는 '둘과 잍'이 완전히 달라 보입니다. 그런데 '잍'의 경우는 '이듬해'와 관련성이 보입니다. 다음, 두 번째 정도의 의미를 찾을 수 있습니다. '셋과 사', '넷과 나'는 달라 보이지만 '사나흘'과 '서너 개'를 비교해 보면 비슷한 점을 찾을 수 있습니다. 사와 서, 나와 너가 모음이 교체된 것입니다. 이렇게 모음이 교체되어 새로운 어휘를 만드는 예는 우리말에 아주 많습니다.

'사'가 3의 의미로 쓰이는 재미있는 예는 동물의 나이를 셀 때 찾을 수 있습니다. 바로 동물의 세 살을 의미하는 말이 사릅입니다. 한 살은 하릅, 두 살은 두릅이라고 합니다. 우리가 하룻강아지 범 무서운 줄 모른다는 말의 '하룻'이 사실은 하루가 아니라, 하릅이라는 연구도 재미있습니다. 즉, 한 살 먹은 강아지는 눈에 보이는 게 없다는 의미입니다. 젊으면 용감하기도 하고, 무모하기도 합니다.

이렇게 사흘에서 시작한 이야기 속에서 다양한 우리말 수사를 기억해 보시기 바랍니다. 한편 일본어의 수사는 지금의 우리말과는 닮지 않았지만, 고구려의 수사와는 매우 닮아 있다는 점도 알려드리고 싶습니다. 그리고 제가 제일 신기하게 생각하는 수사는 바로 '마흔과 쉰'입니다. 다른 단어와 연관성을 찾는 게 쉽지 않습니다. 수사에도 수수께끼가 한 가득입니다.

어원 찾기와 감정

어원과 감정

 말의 뿌리, 어원을 찾을 때 가장 궁금한 단어는 아마도 '사랑'일 겁니다. 우리가 제일 좋아하는 감정이 사랑이기 때문이겠죠. 저도 사랑이라는 말의 어원에 대해서 몇 번 글을 쓴 적이 있습니다. 제가 강의를 할 때도 사랑의 어원은 자주 등장합니다. 하지만 사랑이라는 말의 어원은 쉽지가 않습니다. 제 글에서도 항상 "그럴 가능성이 높다."라는 표현 정도로 지나갑니다.

 사랑의 어원에 대해서 제일 많이 설명하는 것은 한자어 '사량(思量)'에서 왔다는 주장입니다. 사량은 깊이 헤아려 생각한다는 의미의 한자어입니다. 사랑하다는 말이 옛날에는 '생각하다'는 뜻이었다는 점에서 유력하게 받아들여지는

주장입니다. 저도 이 주장이 가능성이 있다고 생각합니다
만 사랑이라는 어휘가 한자에서 왔다는 확증을 보이기가
어렵습니다. 사랑한다는 말이 생각한다는 말이었음은 분명
하기 때문에 어원을 생각하다까지는 찾을 수 있겠습니다.
사랑의 어원을 '사람'에서 찾는 학자도 있습니다. 사람은
'살다'와도 어원적으로 관련됩니다. 사랑은 사람이 사람을
생각하는 자연스러운 감정이라는 점에서 '사랑'과 '살다' 및
'사람'의 어원이 같다고 볼 수도 있을 듯합니다. 몽골어 등에
도 사람과 사랑에 해당하는 어휘의 관련성이 나타납니다.

우리말에서 사랑은 누구를 생각하는 감정입니다. 누군가
를 아끼고 귀하게 여긴다면 많이 생각해야겠지요. 밤낮으
로 생각하는 것이 사랑하는 것입니다. 그래서 사랑의 감정
이 가장 강한 사람은 부모일 겁니다. 자식 생각에 밤낮이
없고, 장소도 없습니다. 늘 자식 걱정이지요. 걱정하는 마
음이 곧 사랑입니다. 물론 연인(戀人)의 사랑도 빼놓을 수
없을 겁니다. 연인이라는 단어에서도 알 수 있듯이 연인은
서로 사모하고 그리워하는 사람입니다. 늘 같이 있고 싶고,
늘 이야기 나누고 싶은 사람입니다. 보이지 않으면 보고 싶
고, 들리지 않으면 듣고 싶은 사람입니다. 사랑한다는 말을
서로에게 제일 많이 건네는 사람이기도 할 겁니다. 그런 의
미에서 사랑한다는 말은 곧 보고 싶다는 말입니다. 보고 싶
다는 말은 곧 그가 '좋다'는 의미입니다. 사랑한다면 간절히

보고 싶습니다.

'사랑하다'는 말은 '좋다'와도 의미적으로 이어집니다. 우리말에서 '좋다'는 말은 두 가지 의미를 담고 있습니다. 하나는 품질이나 성질이 훌륭하다는 뜻입니다. 사전에서 찾아보면 '아름답다, 바르다, 뛰어나다, 슬기롭다' 등 그야말로 좋은 의미는 다 모여 있습니다. 다른 하나는 좋아한다는 뜻입니다. 사랑한다는 말과도 통하는 뜻입니다. 사랑하는 이유는 그를 좋다고 생각하기 때문입니다. 좋은 것을 좋아하는 우리 마음이 담겨있습니다. 당연히 싫으면 보고 싶지 않습니다. 만나고 싶지도 않겠죠. 멀리하고 싶을 겁니다. 싫은 게 적다면, 싫은 사람이 적다면 행복한 사람입니다. 우리는 좋은 사람을 사랑합니다.

그러면 싫은 감정은 어떤 감정으로 이어질까요? 우리말의 '싫다'는 어원적으로 '슬프다'와 같은 단어입니다. 슬프다와 싫다의 옛말은 모두 '슳다'입니다. 우리나라 사람들은 슬픈 감정을 싫어하는 감정과 같은 것으로 보았습니다. 슬픈 일을 싫어하는 것은 인지상정이겠죠. 반대로 싫어하는 일이 닥치면 슬플 수밖에 없습니다. 생각해 보면 우리가 슬퍼하는 일은 모두 싫은 일입니다. 사랑하는 사람을 만나지 못하는 것은 참으로 싫은 일입니다. 당연히 슬프죠. 사랑하는 사람과 영원히 만날 수 없다면 그 슬픔은 커질 수밖에 없습니다. 사랑하는 감정은 영원히 함께하고 싶은 마음입니다.

　사랑의 어원을 무엇이라 확정하기에는 어려운 점이 있습니다. 더 연구가 필요할 것 같습니다. 사랑하다는 말은 생각하다는 의미에서 출발한 어휘임은 분명합니다. 저는 사랑의 어원을 찾으면서 우리의 여러 감정을 만납니다. 이렇게 어원은 우리의 사고와 감정을 보여주는 귀한 보물창고입니다.

사랑의 감정 '콩깍지'

　우리말 표현에 "콩깍지가 씌었다."라는 표현이 있습니다. 주로 사랑하면 상대에 대해서 제대로 판단하지 못하고 좋게만 본다는 의미를 담고 있습니다. 깍지의 어원을 생각해 보면 우선 발음이 유사한 '껍질, 껍데기, 까풀, 꺼풀' 등과 관련이 있어 보입니다. 이런 어휘들은 '겉'이라는 단어와도 관련이 될 것으로 생각합니다. 인상으로만 어원에 접근해 본 것입니다.

　그런데 깍지의 경우는 어원에 대해 다른 해석이 가능합니다. 더 깊은 연구가 필요한 부분이라고 할 수 있습니다. 옛말에는 '각디'로 나타납니다. 과일의 껍질을 과각자(菓殼子)로 표현하고 '각디'로 읽는 경우가 있어서 한자와의 연관성을 생각해 보게 됩니다. '각(殼)'은 갑각류(甲殼類)라고 할 때의 각으로서 껍질을 의미합니다. '각자(殼子)'라는 단어도 껍질로 해석할 수 있습니다. 자(子)는 옛 중국어 등에서 '지'로 발음되기도 하였습니다. 따라서 각디는 한자를 읽은 것으로 볼 수 있습니다. 각디가 된소리되기와 구개음화가 되어 '깍지'로 변한 것이라고 볼 수 있습니다. 각에 대한 순우리말은 '꼬투리'로 나옵니다. 콩깍지를 다른 말로 '콩꼬투리'라고도 합니다. 이렇게 보면 깍지는 한자어, 꼬투리는 순우리말일 가능성이 있습니다.

 콩깍지가 씌다가 순우리말 관용표현인지에 대해서도 고민이 필요합니다. 순우리말 표현인 줄 알았는데 외래어 표현인 경우도 많이 있습니다. 다른 언어에서 '콩깍지가 씌다'와 똑같은 표현은 아직 찾지 못했습니다. 영어에서는 '사랑에 눈이 멀다' 같은 표현을 찾을 수 있겠습니다. 일본어에서는 비슷한 의미를 담은 표현으로 '마마 자국도 보조개'라는 표현이 있는데 어떤 모습도 좋아 보인다는 의미라고 할 수 있습니다. 콩깍지가 씌다라는 표현이 처음 사용된 문헌이나 환경 등을 살펴보아야 더 정확하게 기원을 이야기할 수 있겠습니다. 콩을 털다가 콩깍지가 날아가 눈에 붙어 정확히 보지 못한 데서 유래하였다는 의견도 있는데 근거를 명확히 설명할 수 없다면 민간어원이라고 할 수 있습니다. 민간어원은 재미있게 말을 풀어보는 놀이와 같은 것이라 할 수 있습니다. 우리 주변에 수많은 민간어원이 있습니다.

제가 볼 때는 콩이 껍질 속에 들어있는 모습이 '눈' 모양과 비슷해서 눈에 비유한 것이 아닐까 합니다. 그리고 눈꺼풀과 콩깍지의 유사성을 보고 콩깍지가 씌었다고 말한 것 같습니다. 콩깍지가 약간 불투명하여서 정확히 밖을 볼 수 없다는 것에 착안한 비유가 아닐까 합니다. 불투명하다는 말은 정확히 판단할 수 없다는 말, 판단력이 흐려진다는 말과 통합니다. 콩깍지 때문에 정확히 보지 못한다는 말을 하고 싶었던 것 같습니다.

저는 사랑을 하면 눈에 콩깍지가 씌는 것이 당연하다는 생각이 듭니다. 사랑을 하면서 이것저것 계산을 하고, 정확히 판단해서 장단점을 구별한다면 진정한 사랑이 아닐 겁니다. 단점마저도 좋게 보아야 진정한 사랑이 아닐까 합니다. 물론 콩깍지가 금방 벗겨지는 것도 문제라고 할 수 있습니다. 좋아했던 사람의 단점이 자꾸 눈에 들어오는 거죠. 처음에만 콩깍지가 씌는 것이 아니라 세월이 지날수록 이해의 마음이 깊어져야 할 겁니다. 정말 사랑한다면 콩깍지가 오래 유지되기 바랍니다. 종종 단점이 보여도 눈감아 주세요. 콩깍지는 이해의 다른 이름일 수 있습니다.

콩깍지의 순우리말인 꼬투리를 생각해 보는 것도 필요할 것 같습니다. 상대의 단점을 자꾸만 생각해 내는 것은 꼬투리를 잡는 것이라 할 수 있겠습니다. 콩깍지가 씌었던 사람이 꼬투리를 잡으니 더 서운할 겁니다. 사랑하는 사람의 말이나 행동에서 꼬투리도 잡지 말기 바랍니다. 서로 사랑하고 위로하기에도 짧은 세상입니다.

두려운 감정 '을씨년스럽다'

우리는 무슨 큰일이 있을 때면 '난리(亂離)'라는 말을 씁니다. "왜 이렇게 난리야?"와 같이 쉽게 자주 쓰는 말입니다. 하지만 가만히 생각해 보면 난리는 우리 삶에서 만만한 표현이 아닙니다. 난리는 원래 전쟁이나 분쟁을 의미합니다. 지금 우리나라 사람 중에 난리를 겪은 사람의 수는 그다지 많지 않습니다. 어르신 중 한국전쟁 즉, '육이오 동란'을 겪은 사람만이 문자 그대로 난리를 겪은 사람입니다.

우리 역사에서 난(亂)이 들어가는 사건은 두 가지로 나누어 볼 수 있습니다. 하나는 전쟁이고 다른 하나는 반란 또는 혁명입니다. 난의 대표는 아무래도 임진왜란(壬辰倭亂)이 아닐까 합니다. 또 하나는 병자호란(丙子胡亂)입니다. 왜란과 호란이 우리가 잘 알고 있는 난리입니다. 그 밖에는 '이괄의 난'이라든가, '이자겸의 난' 같은 반란을 이야기할 때 쓰입니다. 아무튼 난리는 죽고 죽이는 피비린내가 진동하는 무서운 일입니다.

살면서 난리를 겪지 않으면 그것만큼 다행한 일이 없을 겁니다. 난리는 전쟁이나 반란을 의미하지만 비유로는 다양한 장면에서 쓰입니다. 홍수를 비유적으로 물난리라고 합니다. 물이 일으키는 난리라고 할 수 있습니다. 홍수로 뜻하지 않게 사람들이 죽는 경우도 있으니 난리는 난리입니다. 싸움이나 복잡한 상태 등을 비유할 때도 난리가 났다고 합니다. 강조하여 표현할 때는 '난리도 아니다'고 말하기도 합니다. 난리도 아니라는 말은 난리 중에서 그런 난리가 없다는 의미입니다. 난리가 아니라고 오해하면 안 됩니다.

난리와 함께 쓰는 말로는 '난리굿'이나 '난리판'이라는 표현이 있습니다. 아주 시끄러운 이미지입니다. 난리굿을 한다고 하면 굿판에서의 시끄러운 음악소리와 춤이 연상됩니다. 듣기 좋으라고 하는 음악이 아니고, 잡귀를 쫓거나 귀신을 맞이하는 소리이기 때문에 흥분을 일으키게 합니다.

난리판도 소란스럽고, 어지러운 이미지가 강합니다. 판이라는 표현 자체가 그런 느낌을 더합니다. 난장판의 이미지도 있습니다.

난리는 아닌데, 난리처럼 생각되는 사건도 있습니다. 나라가 망하는 것이 바로 그런 겁니다. 일제에 나라가 망하던 때를 생각해 보면 우울한 난리입니다. 한 치 앞도 보이지 않는 두려움이었을 겁니다. 언제 다시 해방이 될지 모르는 암담함이었을 겁니다. 우리는 1910년에 나라가 망하였기에 경술국치(庚戌國恥)라고 합니다만, 실제로는 1905년 을사년에 이미 나라가 빼앗긴 것으로 생각하였던 것 같습니다.

우리말 중에 '을씨년스럽다'는 말이 있습니다. 이 말의 어원에 대해서 여러 설이 있습니다만, 가장 그럴 것이라고 추측하는 것은 을사년과 관련이 있다는 설입니다. 을사년도 60년마다 돌아오는 것이니 어떤 해일까에 대해서 추론이 다릅니다만, 대체로 1905년을 의미하는 것으로 보고 있습니다. 나라가 망한 백성들의 기분이 어땠을까요? 을사년 같은 느낌이라는 말이 '을사년스럽다'로 되었을 거라는 설명입니다. 발음이 달라지는 것을 논리적으로 설명하기는 어렵지만 분위기의 유사성은 느낄 수 있습니다. 왠지 춥고, 스산하고, 어두운 느낌입니다. 을사년이 난리라면 스산하고 우울한 난리입니다.

지금 세상이 난리입니다. 왕관이라는 어원을 가진 '코로나(corona)19'가 우리나라뿐 아니라 전 세계를 혼란으로 이끕니다. 1918년 스페인 독감 이후로 질병이 세상을 이렇게까지 혼란스럽게 한 적이 있었나 싶습니다. 인명의 피해는 스페인 독감이 훨씬 심했지만 경제나 심리적 충격은 코로나19도 못지않은 것 같습니다. 난리는 난리인데, 전쟁 같은 난리가 아니라 을사년 같은 난리입니다. 사람들이 한없이 가라앉아 헤어나지 못합니다. 물론 이 난리도 지나갈 겁니다. 다시 사람들의 모습에도 생기가 돌겠죠. 나중에 시간이 지난 후에 2020년을 '경자년스럽다'고 하게 될까요? 2020은 같은 숫자가 반복되는 길(吉)한 해라고 생각했었는데 다른 의미에서 오랫동안 기억될 것 같습니다. 이 난리가 어서 잘 지나가기 바랍니다.

따뜻한 감정 '개나리'

 개나리는 나리인가요? 나리꽃과 개나리는 서로 관계가 있는 꽃입니다. 언어의 측면에서 봐도 나리가 공통적이니 당연히 관계가 있습니다. 나리는 '백합(百合)'의 순우리말입니다. 일본어에서는 유리라고 하여 우리말과 같은 어원으로 보기도 합니다. 나리도 다양한 색이 있겠지만 우리가 주로 기억하는 나리는 노란색이 아닐까 합니다. 같은 꽃이어도 백합이라고 하면 흰색이 먼저 생각나는데 말입니다. 백합의 한자를 흰 백으로 잘못 생각해서 오해를 한 것일까요? 인터넷에서 나리꽃을 찾으니 노란 꽃이 나옵니다. 백합은 흰 꽃이 나오네요. 우리에게 나리와 개나리는 둘 다 노란색이 선명한 꽃입니다. 개나리가 봄의 전령사 같은 느낌이 드는 것도 노란빛 때문이 아닐까요?

 개나리의 어원에 대해서는 여러 설이 있습니다. '개'가 붙으면 주로 질이 떨어지는 것을 의미합니다. '개살구'가 대표적입니다. '개떡'도 마찬가지죠. 요즘에는 개떡이 오히려 맛있다고 이야기하는 사람도 있지만 아무래도 개떡은 좋은 떡은 아니었습니다. 이런 '개'의 공통점으로 미루어본다면 개나리는 나리와 비슷한데 좋지 않은 것이라고 볼 수 있을 겁니다. 그런데 이런 추론이 좀 어려운 것은 옛말에서는 개나리가 원래 백합의 의미였다는 것입니다. 즉, 그렇다면 개나리 자체에는 좋지 않은 의미가 없었다고 할 수도 있습니다. 계속 연구가 필요한 부분입니다.

한편 개를 '물가'로 보는 견해도 있습니다. '개울, 개천'의 '개'와 어원이 같다고 할 수 있겠습니다. 개나리와 형태가 비슷한 어휘로 '개구리'가 있습니다. 개구리의 경우, 어원 탐구가 좀 어렵습니다. '개굴'이라는 개구리 소리에 '-이'가 붙은 것이라고 보는 게 일반적이고 설명도 간단합니다. 하지만 개구리를 예전에 '머구리'라고 했다는 점에서 '개'와 '구리'를 따로 분리해야 하는 게 아닌가 하는 연구도 있습니다. 개구리밥을 '머구리밥'이라고도 합니다. 재미있는 것은 동물 이름에 의외로 '구리'가 많이 들어갑니다. 육해공(陸海空)에 모두 구리가 있습니다. 땅에는 너구리, 하늘에는 딱따구리, 물에는 미꾸리(미꾸라지)가 있습니다. 곤충에는 '말똥구리, 쇠똥구리'도 나타납니다. 따라서 개구리도 물가엔 있는 구리라고 보는 게 일관성 있는 접근이 아닐까요?

그렇다면 개나리도 물가에 있는 나리꽃이라는 의미로 볼 수도 있을 겁니다. 나리 중에는 '미꾸리'와 마찬가지로 물속에 있는 '미나리'가 있습니다. '미'가 물이라는 의미가 있으므로 '물속의 나리'로 분석이 가능합니다. 미나리에도 꽃이 피는데, 나리꽃이나 개나리꽃과는 좀 다릅니다. 그런데 미나리아재비라는 식물의 꽃은 들에서 노랗게 핀 것이 나리와 닮아있습니다. 미나리와 개나리의 연관성에 대해서도 더 연구가 필요합니다. 미나리아재비를 포함해서 말입니다.

봄의 시작을 알리는 것은 아무래도 개나리가 아닐까 합니다. 봄에 핀 개나리는 한 송이가 아니라 길가에 잇달아 모여있을 때 더 아름답습니다. 더 밝아집니다. 빛이 납니다. 아직 추운 한기가 남아있을 때 노란 빛으로 위로를 합니다. 눈부신 빛입니다. 개나리가 줄지어 핀 곳에 진달래라도 섞여있으면 그 조화로움에 말을 잃을 정도입니다. 진달래 빛이 개나리의 밝음을 때로 머금습니다.

저는 최근에 서울의 북악 스카이웨이를 갈 일이 자주 있습니다. 그곳에서 저는 계절의 변화를 만납니다. 북악 스카이웨이의 한겨울 풍경은 참으로 쓸쓸했습니다. 봄이 오고, 코로나19로 온통 우울한 풍경 속에서도 하나둘 꽃이 피었습니다. 앙상한 가지일 때는 몰랐는데, 길가를 따라 한가득 개나리네요. 드문드문 진달래도 보이는 개나리 여행길입니다. 예전에 자동차 드라이브 길로 명성이 높았던 북악 스카이웨이는 여전합니다. 성북동, 삼청동, 부암동으로 이어지는 길에서 수십 년 동안 변하지 않는 모습을 만납니다. 그곳에 봄이 왔습니다. 개나리가 한창입니다. 제 마음도 개나리를 따라 밝게 피었습니다.

언어와 세상

새로운 말이 태어나다

언어는 생물과 같아서 태어나고, 자라고, 늙고, 사라집니다. 저는 언어의 이런 모습이 좋아서 우리말 공부를 하고 있습니다. 언어의 생로병사에 관심을 갖다보면 주로 어휘에 초점을 맞추어 공부를 하게 됩니다. 제가 어휘 공부를 주로 하는 이유이기도 합니다. 어떤 어휘는 제 머릿속에서도 생로병사를 합니다. 어휘가 아예 생각이 안 나기도 하고 발음은 생각이 나는데 뜻이 기억나지 않기도 합니다. 머릿속과 입속에서 뱅뱅 돌기도 합니다.

어떤 어휘는 새로 제 머릿속에 저장되고, 사용됩니다. 어떤 때는 금방 저장이 안 되어서 힘들기도 합니다. 어휘를 잘 저장하고 사용하는 것도 능력입니다. 그래서 우리는 어휘력이라는 말을 씁니다. 옛날 어휘도 잘 기억하여 적절히 쓰고, 새로 생기는 어휘도 잘 기억해서 사용하는 능력입니다. 인간의 언어능력 중에서 계속 발전되거나 쇠퇴하는 것은 어휘능력입니다. 발음능력이나 문법능력은 잘 변하지 않습니다.

새로운 어휘가 머릿속에 들어오는 일은 세상의 변화와도 관계가 깊습니다. 평온한 삶을 이어갈 때는 새로운 어휘가 아무래도 적습니다. 하지만 세상이 빠르게 변화하고, 무섭고 힘든 일이 닥치면 언어 역시 빠르게 변화합니다. 새로운 어휘도 급속도로 늘어납니다. 무서운 어휘가 많아지는 것도 피할 수 없습니다. 언어는 사회의 산물이어서 사회의 모습을 반영하고, 인간의 감정을 반영합니다. 그래서 언어학자들은 언어를 통해서 사회를 바라보고 해석합니다. 언어를 통해서 문화를 해석하고 인간의 감정을 만납니다.

최근 우리는 '코로나19'라는 생각지도 못했던 사태를 맞고 있습니다. 전 세계가 그야말로 난리입니다. 언어의 입장에서 본다면 이런 현상을 표현할 수많은 어휘가 나타나는 시기입니다. 우선 코로나라는 단어를 사용하거나 알고 있는 사람은 거의 없었을 겁니다. 코로나의 어원이 왕관이었다는 것은 전문가가 알 수 있는 영역이었겠지요. 처음에는 코로나라는 단어를 가지고 농담을 만들어내려는 사람도 있었지만 코로나의 심각성에 이런 사람은 사라졌습니다. 코로나19라는 질병으로 농담을 했다가 크게 망신을 당한 사람들도 있습니다. 유명한 맥주 이름에도 코로나가 있습니다. 그 회사도 당분간은 코로나 브랜드의 맥주를 생산하지 않겠다는 소식이 들려왔습니다. 언어가 무서운 연상을 만듭니다. 저도 코로나 맥주를 당분간 마시고 싶지 않을 것 같습니다.

전염병, 감염자 등의 어휘도 폭넓게 쓰이게 되었습니다. 전염병은 옛날에 사라진 어휘처럼 취급되었는데 병과 함께 다시 살아난 겁니다. 어휘가 살아나는 게 꼭 즐거운 일은 아닙니다. 최근 훈민정음 공부를 위해서 인터넷에서 조선왕조실록을 찾아보고 있는데, 요즘 가장 많이 검색되고 있는 어휘가 바로 전염병과 역병이었습니다. 세종 당시에만 해도 많은 전염병이 나타납니다. 전염이나 감염이라는 어휘는 편견을 주는 어휘라는 점도 다시 생각하게 됩니다. 병이 걸려서 고통스러운 건 자신인데도 자신이 다시 다른 사람을 아프게 할 수 있다는 점에서 나의 감염이 남에게 전염이 되는 두려운 병입니다. 지금 코로나19가 무서운 이유이기도 합니다.

코로나19로 많이 쓰이게 된 표현에는 '사회적 거리두기', '자가 격리'라는 말도 있습니다. 전문적인 영역에서 주로 사용하는 말인데, 병으로 인해 실생활에 널리 쓰이는 말이 된 것입니다. 격리는 무서운 표현입니다. '자기 집에 격리시킨다'는 말이니 독재시대의 '자택 연금(自宅軟禁)'이 연상되는 말이기도 합니다. '봉쇄(封鎖)'라는 말도 자주 등장합니다. 도시나 국가를 봉쇄해야 한다고 말하는 것입니다. 역시 무서운 말입니다. '확진자, 무증상자'라는 말도 사전에는 나오지 않는 표현입니다. 새로 생긴 두려운 말이죠.

그래도 사람들은 힘든 속에서도 웃을 일을 만들어냅니다. 요즘 사회적 거리 두기와 자발적 자가 격리 등으로 집에만 머물러서 체중이 늘고 있는 사람이 많습니다. 이런 사람을 '확 찐 자'라고 우스갯소리를 합니다. 두려운 어휘들은 어서 옛이야기로 사라지고, 즐겁고 웃음 나는 표현이 다시 우리 일상에 나타나기 간절히 바랍니다.

비유와 감정 – 전쟁의 비유

세상이 점점 거칠어진다는 말을 많이 합니다. 정(情)이 메말라간다는 말도 자주 합니다. 사람과 사람이 만나는 일도 줄어들고 만나더라도 형식적인 경우가 많습니다. 친척도 잘 모릅니다. 사돈의 팔촌은커녕 가까운 친척도 잘 모릅니다. 5촌이면 거의 남이나 마찬가지입니다. 아이는 적어졌는데 친척마저 멀어졌으니 피붙이가 사라지고 있는 느낌입니다. 그래서 세상이 더 거칠게 메말라가고 있는 걸까요? 말도 삭막해지고 있습니다. 거칩니다.

우리는 삶이 전쟁이라는 말도 자주합니다. 일하는 직장이 전쟁터가 된 지 오래입니다. 다른 회사와의 전쟁일 뿐 아니라 같은 직장의 동료와도 전쟁입니다. 먼저 높은 곳으로 올라가려고 전쟁을 일으킵니다. 막상 올라가고 나면 현기증이 날 수도 있는데 말입니다. 높이 올라갈수록 나를 흔드는 사람도 많아집니다. 떨어질 수 있습니다. 이렇게 일터는 때로 전우가 적이 되기도 하는 살벌한 전쟁터입니다. 모두 알다시피 학교도 전쟁터입니다. 친구들과의 경쟁은 어제오늘의 일이 아닙니다만, 정도가 점점 심해지고 있는 느낌입니다. 전부터 있었던 일이겠지만, 따돌림이 문제가 되고 있습니다. 왕따가 이제 새 단어가 되어 버렸습니다.

총성 없는 전쟁이라는 말도 자주 씁니다. 총소리가 없으니 덜 무서워야 할 텐데 사실은 그렇지 않습니다, 총성이 없기에 지금이 전쟁인 줄도 모르고 생활합니다. 이 말은 우리가 사는 세상이 늘 전쟁 상태라는 것과 같습니다. 어쩌면 우리는 전쟁보다 더한 삶을 살고 있습니다. 사람들의 말이 총알이 되고 우리의 입은 서로를 향한 총구가 됩니다. 그래서일까요? 우리는 오히려 진짜 전쟁이 덜 두렵습니다. 물론 실제로 전쟁을 겪게 된다면 무섭겠지만, 그전까지는 그저 남의 이야기일 뿐입니다. 전쟁을 느끼지 못하고, 두려워하지 않아서일까요? 우리는 이렇듯 쉽게 표현마다 전쟁을 입에 올립니다. 마치 난리라는 말이 추임새처럼 입에 붙어있듯이 말입니다. '난리 났어, 왜 난리야, 난리도 아니야'처럼 말입니다. 전쟁이 난리입니다.

'관전평(觀戰評)'이라는 말이 있습니다. 관전평은 주로 스포츠 경기에 대한 평가에 쓰는 말입니다. '관전(觀戰)'이라는 말이 전쟁을 본다는 의미이니 스포츠 경기를 전쟁으로 표현하고 있는 겁니다. 스포츠는 경쟁이 일어나는 현장이어서인지, 주로 싸움이나 전쟁에 비유합니다. 서로를 때리고 부수는 일부터 시작해서 폭격을 하기도 합니다. 상대를 초토화시키기도 하고 전멸시키기기도 합니다. 스포츠에서는 이렇게 무서운 용어를 전부 모아놓고 관전평을 합니다. 그런데 무섭지는 않습니다. 그저 멀찌감치 서서 평가를 하고 있는 겁니다. 남의 일로 생각하기 때문일까요? 전쟁을 보며 평가한다는 말 자체가 이상한 말이네요.

저는 종종 제가 세상을 관전하고 있는 것이 아닌가 하는 반성을 합니다. 요즘 더욱 그렇습니다. 전염병으로 세상이 뒤숭숭한데 타인의 아픔을 내 감정으로 제대로 받아들이지 못하고 그저 구경을 하고 있는 게 아닌가 하는 생각이 듭니다. 각 나라의 확진자 숫자를 관전하듯이 바라봅니다. 다른 나라보다 우리나라의 확진자 수가 적으면 안심을 합니다. 다른 나라의 시스템을 평가하고 비난합니다. 때로는 그 나라의 지도자들이 잘못해서 이런 일이 벌어진 것이라고 힐난을 합니다.

그런데 그 순간 아픈 사람, 차별받는 사람, 죽어가는 사람, 세상을 떠난 사람의 가족과 친구는 왜 눈에 덜 띄었을까요? 왜 나는 구경을 하고 있는 걸까요? 아침마다 뉴스에서 들려오는 세계의 확진자 수, 사망자 수를 보면서 왜 별

다른 느낌이 없을까요? 스포츠 경기를 보듯이 어느 나라가 다른 나라를 앞섰다는 내용에 왜 우리는 무덤덤하게 지나가게 될까요? 사람을 보지 않은 채 뉴스를 보고, 전쟁을 그저 바라보고 있는 스스로를 반성합니다. 얼마 전에 부활절이 지났습니다.

말장난 – 아재 개그

아재 개그는 '아재'가 하는 개그입니다. 아재의 의미가 '아저씨의 낮춤말' 정도로 해석이 되니, 나이가 좀 있는 남자가 실없는 농담, 웃긴 이야기를 하는 것이라 할 수 있습니다. 일본에서는 비슷한 상황에서 '오야지 개그'라는 표현을 합니다. 오야지가 아버지라는 의미이니까 '아버지의 농담'이라는 뜻입니다. 나이 든 남자의 농담은 국경을 초월해서 어색한 것 같습니다. 그래도 웃기려고 애쓰는 아재들의 마음은 이해해 주면 좋겠습니다. 어쩌면 나이 든 남자가 자신이 살아있음을 느끼는 순간이라고 할 수도 있습니다. 자신이 세상에 기여하는 방법이라고 믿기도 합니다. 세상을 밝게 만든다는 거죠. 그런 면에서 아재 개그가 자랑스럽네요.

아재 개그를 보면 하는 사람은 무지 웃긴데 듣는 사람의 반응은 제각각입니다. 보통은 헛웃음을 웃는 경우가 많고, 얼굴 표정이 잠시 굳어있는 경우도 있습니다. 어이가 없다는 반응이지요. 하지만 대부분은 어떤 모습으로든 서로 웃게 됩니다. 싱겁다는 반응도 나옵니다. 그래서일까요? 아재 개그는 여러 번 생각하면 웃긴 경우도 많습니다. 어이없다고 이야기해 놓고서는 다른 사람에게 전달하는 경우도 있습니다. 누가 이렇게 어이없는 아재 개그를 했다고 말입니다. 뜻밖에도 아재 개그는 이렇게 파급력도 있습니다.

아재 개그의 주요 소재는 말장난입니다. 한자로 이야기할 때는 언어유희(言語遊戲)라고도 합니다. 비슷한 발음의 단어를 이용해서 웃기는 거죠. 동음이의어는 오래 전부터 개그의 소재가 되었습니다. "친구가 군대에서 전역했어요."라는 아들의 이야기를 듣고, "점심은 안 했냐?"라고 반응하면 아재 개그가 됩니다. 처음에는 무슨 이야기인지 몰라 어리둥절하다가 표정이 잠시 굳는 거죠.

예측이 되는 말장난은 아재 개그에도 속하지 못합니다. 그렇게 말할 줄 알았다는 게 아재 개그에서는 가장 치명적인 반응입니다. 청자의 허점을 찌르는 빠른 말장난이 핵심입니다. 어이없지만 웃어줄 만한 개그여야 합니다. 그런 의미에서라면 아재 개그는 언어 감각이 좋아야 할 수 있습니다. 타고난 거라고도 할 수 있습니다. 아재 개그에 천재적인 사람도 있습니다. 그런 사람은 예능계로 나가거나 글을 써야 할 겁니다.

물론 아재 개그는 노력도 필요합니다. 아재 개그를 하는 사람에게 물어보면 생각나는 아재 개그를 다 말하는 게 아닙니다. 고민 끝에 열 개 중 몇 개만 입 밖으로 내 놓는 겁니다. 너무 많이 아재 개그를 하면 사람들의 반응이 차갑습니다. 아재 개그계에서 퇴출될 수도 있습니다. 아재들의 피나는 노력이 아재 개그를 오래 가게 합니다. 치고 빠질 줄도 알아야 합니다.

저는 아재 개그를 많이 하던 사람이 갑자기 하지 않게 되는 현상에도 주목합니다. 반응이 차가워서인 경우도 있지만 스스로 아재 개그에 싫증이 난 경우도 있습니다. 본인도 아재 개그가 신이 나지 않는 겁니다. 저는 이럴 때가 위험한 순간이라고 생각합니다. 웃기든 덜 웃기든 간에 아재 개그를 열심히 하는 사람은 생동감이 있습니다. 눈도 반짝입니다. 뭔가 궁리하고 있는 표정이 재미있습니다. 그런데 아재 개그에 흥미를 잃었다는 이야기는 삶에 의욕이 꺾였다는 표시입니다. 우울하죠.

아재 개그를 다시 살리는 방법은 반응을 많이 해 주는 겁니다. 많이 웃어주고 맞장구를 쳐주면 아재 개그도 되살아납니다. 아재 개그는 반응을 먹고 삽니다. 많이 웃는 부인 옆에 아재 개그를 하는 남편이 있는 법입니다. 한편 '아재'를 표준국어대사전에서 찾아보면 방언에서 '아주머니(강원도), 고모, 이모, 작은어머니(함경북도)'도 아재라고 합니다. 아재 개그를 위한 아주머니들의 노력도 촉구하는 바입니다.

사전에 없는 말

예전에 유행하던 아이들 드라마에 〈말괄량이 삐삐〉가 있습니다. 어린 여자아이가 힘이 장사고 엉뚱한 일을 많이 해서 인기를 끌었던 세계적인 드라마죠. 저도 무척이나 재미있게 봤던 기억이 있습니다. 그중에서 제 기억에 오랫동안 남아있는 스토리는 새로운 단어 만들기에 관한 이야기입니다. 삐삐는 자신이 새로운 단어를 만들면 어떨까 하는 엉뚱한 생각을 하고, 이런저런 말들을 만들어냅니다. 그런데 결국은 다른 사람들이 이해 못해서 문제가 된다는 그런 이야기였습니다. 언어의 사회성을 보여주는 이야기였다고나 할까요? 저에게 다른 이야기보다 이 이야기가 오래 기억나는 걸 보면 '내가 어릴 때부터 언어에 관심이 많았구나'하는 생각을 하게 됩니다.

　셰익스피어에 대해서 이야기할 때 가장 많이 나오는 말 중에 하나가 셰익스피어가 영어의 단어를 풍부하게 하였다는 내용입니다. 셰익스피어는 동시대에 가장 많은 어휘를 작품 속에 구현한 사람 중의 한 명이었습니다. 당시에는 라틴어와 희랍어 등이 영어의 어휘 속으로 들어오는 시기였고, 셰익스피어는 당시의 구어 등을 작품 속에 잘 반영한 것으로 알려져 있습니다. 셰익스피어가 당시에 일반적으로 사용하는 어휘만을 작품 속에 담았다면 그렇게 훌륭한 작품을 쓰지 못했을 수도 있고, 영어가 지금처럼 풍부한 어휘를 갖지 못했을 수도 있습니다. 우리말 어휘를 풍부하게 하려면 사전에 있는 말, 표준어만 써야 하는 것은 아니라는 말입니다. 새로운 어휘를 만들어낼 필요가 있습니다.

글을 쓰다 보면 빨간 줄의 공포에 시달리게 됩니다. 맞춤법이 틀리거나 표준어가 아닌 어휘는 컴퓨터에서 인식을 하고 빨간 줄을 긋습니다. 저는 종종 이게 왜 빨간 줄일까 의심하게 됩니다. 어떤 것은 명확하게 맞춤법에 틀리는 경우도 있어서 고마울 때도 있습니다. 하지만 많은 경우는 내가 쓰는 표현이 표준어 사전에 없다는 이유로 빨간 줄을 긋고 있는 것입니다. 물론 컴퓨터 프로그램의 한계일 수도 있겠죠. 하지만 지나친 표준어 정책이 새로운 어휘의 형성을 막고 있는 것은 아닐까 하는 생각을 해 봅니다.

셰익스피어의 시대가 그랬듯이 우리는 새로운 어휘가 더 많이 필요한 시대에 살고 있습니다. 그래서 쉬운 방법으로는 외국어를 들여다가 쓰기도 합니다. 외국어를 외래어로 만드는 거죠. 어떤 경우에는 외국어를 번역해서 쓰기도 합니다. 이렇게 해서 새로운 단어를 만들어내는 겁니다. 하지만 외국어를 단순히 받아들여서 우리말의 어휘가 풍부해지기는 어렵지 않을까요? 번역도 좋은 일이기는 하나 고민과 성찰이 필요한 작업이라는 생각이 듭니다. 번역은 제2의 창작이라고 할 만큼 고통스러운 과정입니다. 어휘 번역도 마찬가지입니다. 더욱 엄밀한 어휘 번역이 필요합니다. 정확한 번역을 위해서 원 느낌을 살리기 위해서 많은 공부도 해야 합니다.

작가들은 누구나 어휘나 표현의 한계에 맞닥뜨리게 됩니
다. 더 나은 표현, 더 아름다운 표현, 여기에 알맞은 적절한
표현을 원합니다. 그런데 현재의 어휘 속에서는 마땅한 표
현을 찾기가 어려운 점이 있습니다. 이럴 때 우리도 고어의
표현이나 방언을 적극적으로 활용할 필요가 있습니다. 고
어나 방언은 우리에게 보물 같은 겁니다. 하나하나 들여다
보면 우리 민족의 역사를 알 수 있고, 생각을 알 수 있습니
다. 옛말과 방언의 매력에 빠져보기 바랍니다. 그리고 그
속에서 새로운 어휘를 찾아서 사용해 보기 바랍니다. 즐거
운 언어 여행이 될 겁니다.

언어 학습의 치유

　인간에게 바벨탑은 저주인가요? 바벨탑은 저주가 아니라 신의 벌이겠지요. 그런데 바벨탑에서 언어가 갈라진 사건을 사람들은 저주라고 생각하는 경우도 있습니다. 특히 외국어 공부에 골머리를 썩는 분들은 더 저주라고 느껴질 겁니다. 수험생에게 외국어는 점수에 불과하고 단지 몇 점을 맞느냐가 관심사가 되기도 합니다. 당연히 외국어가 없고 모두 같은 언어를 사용한다면 얼마나 좋을까 생각할 겁니다. 충분히 이해가 되는 이야기입니다. 하지만 저는 이런 벌도 나쁜 것은 아니라고 생각합니다. 벌은 벌 받는 사람을 위한 것이기도 합니다. 저는 언어가 갈라진 것은 벌이기도 하면서 축복이기도 하다고 생각합니다.

　우리는 왜 외국어를 배울까요? 왜 인간의 언어는 이렇게 다양할까요? 바벨탑의 이야기가 아니더라도 언어가 갈라지고, 달라진 것을 저주처럼 여기고 언어를 배우는 걸 지옥길처럼 생각하는 것은 참으로 안타까운 일입니다. 사람이 달라서 재미있듯이 언어도 달라서 재미있는 게 많습니다. 사람이 서로 달라서 때로 힘들기도 하지만 모두 같다면 이 세상을 살 이유조차 없어질지도 모릅니다. 즐거움이 사라지겠죠. 언어도 마찬가지입니다.

  수많은 언어는 수많은 삶과 지혜를 담고 있습니다. 억지로 배우는 언어가 아니라 기쁘게 배울 수만 있다면 그것은 행복한 일입니다. 시간이 없어서 너무 할 일이 많아서 언어를 돌아보지 못한다면 그건 안타까운 일입니다. 배우고 싶은 언어, 삶, 지혜가 있기 바랍니다. 목표 의식을 버리고 행복하게 언어를 배웠으면 하는 바람입니다. 하루에 약간의 시간을 언어를 배우는 데 쓸 수 있다면 그것만으로도 새로운 삶을 사는 겁니다. 뚜렷한 목표가 때로 우리를 지치게 합니다. 새로움을 만나는 즐거움이 있었으면 좋겠습니다.

저는 하루에 30분 정도 일본어를 공부합니다. 강박관념 속에 하는 것이 아니어서 때로는 그 시간이 기다려지기도 합니다. 보통은 다른 공부를 하기 전에 일본어책을 폅니다. 일본어 공부를 하는데 정해진 형식이 있는 것도 아닙니다. 처음에는 문법공부를 하거나 문제를 풀기도 했습니다만 이제는 책을 주로 읽습니다. 최근에는 제 스승이신 서정범 선생님이 일본에서 출판하신 책을 읽습니다. 일본어 실력이 거기에는 못 미치지만 선생님의 책 두 권을 읽고 있습니다. 《일본어의 원류를 거슬러 오르다》라는 책과 《한국어로 해석한 고사기(古事記)》라는 책입니다. 선생님께서 돌아가신 지 10년이 지났지만 책 속에서 선생님께서는 생전의 목소리로 이야기를 건넵니다. 예전에 선생님께 들은 강의와 같은 내용이 반갑게 나타나서 행복합니다.

새로운 언어를 배우고 새로운 세계를 만나고 새 행복에 젖습니다. 얼마 전부터는 에스페란토를 배웁니다. 에스페란토는 '희망하는 사람'이라는 뜻입니다. 에스페란토를 배우는 이유가 저마다 다르겠지만 저는 에스페란토에서 희망과 치유를 만납니다. 차별 없는 세상, 서로가 서로를 존중하고 배려하는 세상, 서로가 평화를 지키려고 맹세하는 세상, 서로가 사랑하는 희망세상을 언어를 통해서 만납니다. 모국어와 함께 모두 공통적으로 아는 언어가 있으면 좋겠다는 생각은 많은 점을 느끼게 합니다.

언어는 우리에게 새로운 지혜를 들려줍니다. 저는 영어나 일본어를 배우면서 수많은 지혜를 배웠습니다. 한 언어에 한 세상이 담겨있다는 말은 과장이 아닙니다. 에스페란토를 공부하면서 언어에 담긴 정신을 배웁니다. 언어를 사용하는 사람의 마음을 배웁니다. 언어가 삶의 치유이기 바랍니다. 새로운 언어를 배우면서 행복한 시간을 만나기 바랍니다. 새로운 언어를 위하여 기쁘게 아주 짧은 시간이라도 낼 수 있었으면 합니다.

마음이 지치고 힘들수록 언어를 공부하는 것은 마음을 치유합니다. 다른 것을 잊고 그 시간은 오롯이 언어에 빠져 있기도 합니다. 꼭 실용적인 언어를 공부할 필요도 없습니다. 어떤 사람은 라틴어나 히브리어, 희랍어, 한문을 공부하기도 한다고 합니다. 필요해서 하는 공부가 아니어서인지 오히려 행복감이 깊어진다고 합니다. 새로운 언어를 통해 사람을 이해하고 마음이 따뜻해지면 좋겠습니다.

한글이나 한국어를 배우는 사람도 따뜻한 언어의 치유를

경험하기 바랍니다. 한국 사람이 한글을 배울 때도 언어는 치유의 도구가 되기도 합니다. 한글을 배우는 어린아이들의 신나는 모습은 치유 그 자체입니다. 나이 드신 할머니나 할아버지가 처음 우리 글자를 배우는 모습은 감동의 치유입니다. 지나온 삶을 눈물로 잉크 삼아 써내려갑니다. 한글로 말입니다. 때로는 삐뚤빼뚤 쓰기도 하지만 자신의 곡절을 풀어내는 모습에 마음이 벅차오릅니다.

외국인이 한글과 한국어를 배우는 모습도 감동적입니다. 특히 한글로 세상 이야기를 담을 때, 더 따뜻하게 세상을 보려할 때 기분이 좋습니다. 한글로 된 더 좋은 글도 많이 읽기 바랍니다. 제가 외국어로 된 책을 읽고 마음의 위로를 받았듯이 한국어를 배우는 외국인들도 한글로 된 책을 읽으면서 세상을 살아갈 힘을 얻기 바랍니다. 한글과 한국어가 치유의 문자, 위로의 언어이기 바랍니다.

한글의 감정

초판인쇄	2020년 9월 21일
초판발행	2020년 9월 28일
저자	조현용
책임 편집	권이준, 양승주
펴낸이	엄태상
디자인	권진희
조판	이서영
마케팅	이승욱, 전한나, 왕성석, 노원준, 조인선, 조성민
경영기획	마정인, 최성훈, 정다운, 김다미, 전태준, 오희연
물류	정종진, 윤덕현, 양희은, 신승진
펴낸곳	한글파크
주소	서울시 종로구 자하문로 300 시사빌딩
주문 및 교재 문의	1588-1582
팩스	0502-989-9592
홈페이지	www.sisabooks.com
이메일	book_korean@sisadream.com
등록일자	2000년 8월 17일
등록번호	제1-2718호

ISBN 978-89-5518-671-0 (03710)